ミドルマネジメント・中堅技術者・リーダー向け

会計簿記のしくみ物語

ニュートンのリンゴから読み解く！
社長の財布を出入りする**お金の理屈**

堀越眞哉 著

星データ企画

目　次

序章　リンゴ・・・・・・・・・・・・・・・・・・・・・・7
　0.1　ニュートン力学のリンゴ・・・・・・・・・・・・・7
　0.2　会計・簿記の'リンゴ'・・・・・・・・・・・・・・7

第1章　'リンゴ'を取巻く世界・・・・・・・・・・・・・10
　1.1　会社の報告義務 ― 財務会計・・・・・・・・・・・10
　1.2　会社の経営 ― 管理会計・・・・・・・・・・・・・11
　1.3　会計データの収集 ― 簿記・・・・・・・・・・・・11
　1.4　会社の活動 ― 利益の追求・・・・・・・・・・・・12
　　　＜寄り道＞財務諸表（決算書）には『読み方』がある・・・13

第2章　原種'リンゴ'・・・・・・・・・・・・・・・・・14
　2.1　利益は誰のもの・・・・・・・・・・・・・・・・・14
　　2.1.1　二つの利益計算法・・・・・・・・・・・・・・14
　　　＜道草＞小話し ― 利益はいくら・・・・・・・・・・16
　　2.1.2　貸借対照表の原型・・・・・・・・・・・・・・16
　2.2　寸劇「オランダ人冒険家のインド香料事業」・・・・17
　　2.2.1　冒険家の事業活動・・・・・・・・・・・・・・18
　　　（1）元手を集める活動・・・・・・・・・・・・・・18
　　　（2）お客との商売・・・・・・・・・・・・・・・・19
　　　（3）事業を清算する活動・・・・・・・・・・・・・20

第3章　'リンゴ'の皮・・・・・・・・・・・・・・・・・22
　3.1　株式会社・・・・・・・・・・・・・・・・・・・・22
　　3.1.1　株・・・・・・・・・・・・・・・・・・・・・22
　　3.1.2　出資者と経営者(取締役と執行役員)・・・・・・22
　　3.1.3　資金調達（出資、融資）・・・・・・・・・・・23

3.1.4 '社長の財布'と'お金'・・・・・・・・・・・・・・24
　　3.1.5 資金の運用・・・・・・・・・・・・・・・・・・・25
　　　＜回り道＞ 借金をした場合・・・・・・・・・・・・・28
　　3.1.6 会計期間・・・・・・・・・・・・・・・・・・・・29
　　3.1.7 利益の配分・・・・・・・・・・・・・・・・・・・30
　　　＜寄り道＞ 社長の給料・・・・・・・・・・・・・・・31
　3.2 決算書・・・・・・・・・・・・・・・・・・・・・・・・32
　　3.2.1 貸借対照表と損益計算書の生い立ち・・・・・・・・32
　　3.2.2 決算書の役割分担・・・・・・・・・・・・・・・・33
　　　（1）損益計算書・・・・・・・・・・・・・・・・・・33
　　　（2）貸借対照表・・・・・・・・・・・・・・・・・・35
　　　　＜道草＞ 「資産」と「純資産」・・・・・・・・・・37
　　3.2.3 理解しにくい「借方」「貸方」・・・・・・・・・・37
　　　（1）貸借対照表の「借方」「貸方」は
　　　　　　　　　'社長の財布'と'他人の財布'・・・・37
　　　　＜寄り道＞『たとえ』の効用・・・・・・・・・・・38
　　　（2）会計帳簿の「借方」「貸方」・・・・・・・・・・39
　　3.2.4 貸借対照表と損益計算書の『つながり』・・・・・・39
　　　＜回り道＞『資金繰り』と'他人の財布'の内容の変化・・・41

第4章 'リンゴ'の身・・・・・・・・・・・・・・・・・・・・43
　4.1 簿記の目的・・・・・・・・・・・・・・・・・・・・・・43
　4.2 会計帳簿に記録するデータ・・・・・・・・・・・・・・・44
　　4.2.1 情報伝達の一般的要件・・・・・・・・・・・・・・44
　　4.2.2 簿記における 5W1H・・・・・・・・・・・・・・・45
　　4.2.3 取引とは ― 現金出納帳の記入例・・・・・・・・45
　　　＜回り道＞『取引内容』を'理由'と呼ぶ理由・・・・48
　4.3 複式簿記・・・・・・・・・・・・・・・・・・・・・・・48
　　4.3.1 複式簿記のルール・・・・・・・・・・・・・・・・48
　　　＜回り道＞「企業会計原則」・・・・・・・・・・・・49

4.3.2 取引の二面性を利用した記録 ― 「仕訳」・・・・・・50
　　4.3.3 取引の二面性を表現する分類 ― 「勘定科目」・・・・51
　　4.3.4 'お金'と'理由'による分類・・・・・・・・・・・53
　　4.3.5 勘定科目ごとの分類・集計 ― 「転記」・・・・・・53
　4.4 決算書作成の手順・・・・・・・・・・・・・・・・・・55
　　＜回り道＞ 補助簿・・・・・・・・・・・・・・・・・55
　　4.4.1 仕訳帳への記録 ― '仕訳(外部)'・・・・・・・・56
　　4.4.2 総勘定元帳への転記・・・・・・・・・・・・・・58
　　　（1）総勘定元帳の集計表（勘定）・・・・・・・・・・58
　　　（2）総勘定元帳の「残高」・・・・・・・・・・・・・61
　　4.4.3 決算・・・・・・・・・・・・・・・・・・・・・62
　　　（1）試算表、精算表の作成・・・・・・・・・・・・・62
　　　（2）決算書の作成・・・・・・・・・・・・・・・・・64

第5章 'リンゴ'の芯　＜各論＞・・・・・・・・・・・・・・66
　5.1 勘定科目・・・・・・・・・・・・・・・・・・・・・・66
　　5.1.1 決算書の表示内容・・・・・・・・・・・・・・・66
　　5.1.2 詳細な分類項目 ― 勘定科目・・・・・・・・・・67
　　　＜回り道＞ 「勘定」の定義と、「勘定」の種類・・・・・69
　　　＜寄り道＞ 「勘定」、「科目」、「勘定科目」・・・・・・70
　　　＜寄り道＞ 「表示科目」・・・・・・・・・・・・・・71
　　5.1.3 勘定科目の'勉強家'流分類法・・・・・・・・・・71
　　　（1）出入りした'お金'の種類を表わす勘定科目・・・72
　　　（2）'お金'が出入りした'理由'を表わす勘定科目・・73
　　　　（イ）資金調達を表わす勘定科目・・・・・・・・・・73
　　　　　＜回り道＞ 貸借対照表の利益と損益計算書の利益・・74
　　　　　＜寄り道＞ 悲しい増資・・・・・・・・・・・・・75
　　　　（ロ）収入を表わす勘定科目・・・・・・・・・・・・76
　　　　　＜道草＞ 営業活動以外で儲ける・・・・・・・・・77
　　　　（ハ）費用を表わす勘定科目・・・・・・・・・・・・77

　　　　　　＜寄り道＞ 「名目科目」・・・・・・・・・・78
　　　　　　＜寄り道＞ 【損益】勘定科目・・・・・・・・79
5.2 仕訳・・・・・・・・・・・・・・・・・・・・・・・・・80
　5.2.1 『教科書』流の仕訳・・・・・・・・・・・・・・・80
　5.2.2 取引 ── '取引(外部)'と'取引(内部)'・・・・・・・81
　5.2.3 '仕訳(外部)'の証明 ── 『主たる取引』の仕訳・・・83
　　（1）実験1 ── 現金出納帳による'仕訳(外部)'・・・・83
　　（2）実験2 ── 仕訳帳の原型の作成・・・・・・・・・84
　　（3）実験から得られた結論・・・・・・・・・・・・・85
　　（4）'仕訳(外部)'の手順(記帳の仕方)・・・・・・・・86
　　　　＜回り道＞ 現金出納帳の空欄の記入・・・・・・・87
　　　　＜寄り道＞ 複合仕訳、単仕訳・・・・・・・・・・87
　5.2.4 '仕訳(内部)' ── 振替仕訳（ふりかえしわけ）・・・・88
　5.2.5 帳簿の「借方」「貸方」・・・・・・・・・・・・・90
　　　＜寄り道＞ 振替伝票・・・・・・・・・・・・・・・93
5.3 減価償却・・・・・・・・・・・・・・・・・・・・・・94
　5.3.1 減価償却費とは・・・・・・・・・・・・・・・・・95
　　（1）減価とは・・・・・・・・・・・・・・・・・・・95
　　　＜道草＞ '増価'・・・・・・・・・・・・・・・・・96
　　（2）償却とは・・・・・・・・・・・・・・・・・・・96
　　（3）減価償却とは'時'代（じだい）である・・・・・・97
　5.3.2 '時'代の払い方・・・・・・・・・・・・・・・・・97
　　　＜寄り道＞ 「費用収益対応の原則」・・・・・・・・99
　5.3.3 減価償却の方法・・・・・・・・・・・・・・・・100
　　（1）対象・・・・・・・・・・・・・・・・・・・・100
　　　＜道草＞ 流動資産の減価・・・・・・・・・・・・101
　　（2）耐用年数・・・・・・・・・・・・・・・・・・101
　　（3）償却額 ── 定額法、定率法・・・・・・・・・・103
　5.3.4 減価償却の特例・・・・・・・・・・・・・・・・103
　　（1）減価償却のための手続きと社内事務・・・・・・103

（２）少額減価償却資産と減価償却の簡素化・・・・・・・104
　　　　＜寄り道＞【減価償却費】と
　　　　　　　　　他の費用の勘定科目との違い・・・105
　　　　＜寄り道＞ 自己金融・・・・・・・・・・・・・・105
　　　　＜寄り道＞【減価償却費】は計上しなくてもよい・・・106
5.4 原価計算・・・・・・・・・・・・・・・・・・・・・・・107
　5.4.1 決算のための原価計算　　＜総論＞・・・・・・・・107
　　（１）原価計算の目的・・・・・・・・・・・・・・・・107
　　（２）損益計算書の表示項目・・・・・・・・・・・・・107
　　（３）業種別簿記・・・・・・・・・・・・・・・・・・108
　　（４）業種ごとの原価計算・・・・・・・・・・・・・・109
　　　　＜寄り道＞ 中小企業庁の統計データ・・・・・・・110
　　（５）原価の構成要素・・・・・・・・・・・・・・・・110
　5.4.2 売上原価の計算・・・・・・・・・・・・・・・・・112
　　（１）売上原価の実態 ― 業種別・・・・・・・・・・112
　　（２）商品の売上原価計算・・・・・・・・・・・・・・113
　　（３）基本は商品の単価・・・・・・・・・・・・・・・114
　　（４）「個別法」による売上原価計算・・・・・・・・・115
　　　　＜寄り道＞ ICタグ・・・・・・・・・・・・・・116
　　（５）「最終仕入原価法」による売上原価計算・・・・・116
　　　　＜寄り道＞ 仕入単価管理法・・・・・・・・・・・118
　5.4.3 製造原価の計算・・・・・・・・・・・・・・・・・118
　　（１）『製造』とは　― 予備知識・・・・・・・・・・120
　　　　－１ 生産プロセスのモデル
　　　　　　　　― 受注生産型と見込み生産型・・・・・・120
　　　　－２ 生産の流れと活動内容・・・・・・・・・・・121
　　　　－３ 生産に必要な情報と実績データ・・・・・・・123
　　　　－４ 'もの'の『変態』― ビンの蓋の例・・・・127
　　　　　（イ）【原材料】・・・・・・・・・・・・・・・129
　　　　　（ロ）【仕掛品】・・・・・・・・・・・・・・・129

5

　　　　（ハ）【製品】としての認知・・・・・・・・・・・・・131
　　　　（ニ）【半製品】とは・・・・・・・・・・・・・・・・131
　（２）製造原価計算の基盤は生産管理・・・・・・・・・・・133
　（３）製造原価計算を行なうタイミング・・・・・・・・・・134
　（４）製造原価の三要素・・・・・・・・・・・・・・・・・135
　（５）製造原価と販売費・一般管理費の仕訳・・・・・・・・135
　（６）製造直接費と製造間接費・・・・・・・・・・・・・・136
　　　　（イ）直接費は無理にでも計数・計量・・・・・・・・137
　　　　（ロ）間接費は『ドンブリ勘定』・・・・・・・・・・138
　　　　（ハ）間接費の配賦・・・・・・・・・・・・・・・・138
　　　　　＜道草＞　設計者は『間接』要員・・・・・・・・・139
　（７）【製品】の製造原価構成図・・・・・・・・・・・・・140
　（８）【仕掛品】【半製品】の取り扱い・・・・・・・・・・141
　　　　　＜寄り道＞　ジャストインタイム・・・・・・・・・142
　（９）不良品・余剰品の発生・・・・・・・・・・・・・・・143

終章　'リンゴ'を『お伴(とも)』に・・・・・・・・・・・・144

序章　リンゴ

西洋にはリンゴにまつわる有名なお話が、いくつかある。
- アダムとイブ（旧約聖書）のリンゴ
- ウイリアムテルのリンゴ
- **ニュートンのリンゴ**
- アップル社のマッキントッシュ（リンゴの一種）

ここでは、その中の一つである、ニュートンのリンゴを思い出していただきたい。

0.1 ニュートン力学のリンゴ

　『物理』という言葉と聞いて筆者が先ず思い浮かべるのはニュートンであり、リンゴが落ちるのを見て万有引力の法則の発見に繋がったという伝説は有名である。

　このお話は、実は難解な天体の動きを初心者に説明するために、『リンゴの落下』を比喩として使ったものと云われている。

　その後力学は、アインシュタインの相対性理論、更には、熱力学、統計力学、電磁気論、より根源的な微小な世界を論ずる量子力学へと発展してきた。

　反面、日常の世界では、ニュートン力学の巨視的な見方が不可欠であり、われわれの生活を支えている。詳しい運動方程式は知らなくても、地球が太陽の周りを一年かけて一周することを知って、生活設計、人生設計が出来ている。

0.2 会計・簿記の'リンゴ'

　さて、本題の会計・簿記に目を向けると、経済活動の多様化に伴い、非常に難解になってきている。

　会計士、税理士という専門知識を必要とする国家資格や簿記検定試験が存

在することが、この分野の難しさを物語っている。

　他方、日常のビジネスの世界では、会計・簿記の体系を意識せずとも、必要な知識だけを使って活動ができている。上司から「売上を伸ばせ」と指示されれば、懸命に顧客開拓の努力をし、幸い受注できれば売上伝票を書いて上司に報告する。上司も本人もハッピーであり、次の顧客探しに取り掛かる。

　しかし、中には、自分の書いた売上伝票が、どう処理され、会社の利益にどう繋がっているのかと疑問に思う人もいるだろう。
そこで、会計・簿記の教科書を読んでみるが思うに任せず、折角の勉強も消化不良で終わってしまうことが多いのではなかろうか。

　勉強の仕方には、
　　　・形から入る方法と、
　　・理屈を理解する方法
とがある。

　形から入る方法とは、茶道、華道のように、先ず作法を習得し形を覚えることからスタートして、その先で精神・真髄を理解する方法である。

　習得時間は短くて済むが、応用が利きにくい。

　他方、理屈を理解する方法は応用が利くが、本格的に学習すれば時間は掛かる。

　もし、本格的でなくともおおよその理屈が理解できれば、習得時間を短縮することができ、かつ応用が利く。

　ニュートンがリンゴの落下を比喩として使ったのは後者の例であり、初心者に天体物理の理屈を理解させるための手段であったという。
比喩には、短い時間で理屈を理解させる効用がある。

　会計・簿記は、初心者にとって'天体'のようなものであり、広大無辺である。

　会計・簿記の専門家を目指すのであれば、貸借対照表、損益計算書、借方・貸方、勘定科目、取引といった基本を覚えて（暗記して？）利用し経験を積むことによって、'天体'の知識を深めることは出来る。つまり、形を学習し実務を行いながら、原理に迫ることが出来る。

序章　リンゴ

　しかし、**専門家を目指す訳ではないが、会計・簿記を勉強したい、本業に役立てたいと思う勉強家**（以下'勉強家'と書かせていただく）は多い。
'勉強家'にとっては、形から入る方法はマダルッコシイ。実務を担当しないので詳細な知識は必要なく、沢山の時間を掛けられない。**概略ではあっても全体のしくみについて理屈を理解する**ことが出来ればよい。
会計・簿記における『リンゴのたとえ話』が欲しくなる理由である。

　そこで、本書では従来の教科書から脱して、会計・簿記の知識を俯瞰的に、かつ分かり易く関連付ける'理屈'を考えて見た。『会計・簿記のルールはこうなっています』と、丁寧に説明する（？）のではなく、**ルールの由来、持つ意味、解釈の仕方**に重点を置いた。
　また、説明の方法としては、学習の常道である**スパイラルアップ**（螺旋階段？）方式を採った。学校に小・中・高とあるように、会計・簿記の知識を'リンゴ'の皮・身・芯にたとえて、'理屈'を少しずつレベルアップすることを試みた。
　従って、本書の前半は『くだけ過ぎ』、全体として説明が冗長と思われるかも知れないがご理解願いたい。

　茶道、華道では、各派の流儀が並存できている。
会計・簿記の世界でも、従来とは別の流儀があってもよさそうに思う。実際に役に立つのであれば－。
　おこがましいが、『守破離』である。
　勿論、基本的な原理・原則は変えようもない。お釈迦様の手のひらの上でどれだけ動けるかと云う試みである。
　'勉強家'が、日頃身につけた知識を再整理し、応用の利く'理屈'に高めていただくことを目指したものである。
　以下、'勉強家'のための、会計・簿記の'リンゴ'を紹介したい。

第1章　'リンゴ'を取巻く世界

　本書を手に取っていただいた読者は、当然のことながら会計・簿記の重要性について十分認識されておいでのことだろうから、いまさらとは思うが、定石通り、会計・簿記の目的を確認することから始めることにする。

1.1 会社の報告義務　―　財務会計

　そもそも、会社はなぜ生まれ、存続するのだろうか。

　起業家が、夢、理念、あるいは目的・目標を持って設立するからである。そして、会社が存続できているのは、起業家あるいはその後継者が社長となって、会社を継続させ発展させる努力をしているからである。

　また、これを可能にするのは、会社の設立に賛同してお金を出してくれた人がいたからでもある。

　従って、社長は出資者に対して、活動の結果を報告する義務がある。この報告は、一般に決算書（或いは財務諸表）と呼ばれる書類の形式で行われ、毎年定期的に貸借対照表、損益計算書が作成される。

　この書類は、役所を始め一般にも公開され、上場している株式会社の場合は、更にキャッシュフロー計算書の開示が求められる。

　決算書として開示すべき内容は法律で定められており、そのデータを作成する活動を財務会計という。

　作成されたデータは、会社が納めるべき税金の計算（税務会計）にも利用される。

　財務会計も税務会計も、会社から見れば、云わば外向きの活動である。

　これに対して、会社の内向きの会計が、次に説明する管理会計である。

1.2 会社の経営 ― 管理会計

　社長は、社外に対して説明責任を果たす前に、先ず、実際に事業活動を行わなければならない。
　事業活動とは、目的・目標の達成を目指して、経営資源、即ち『人・もの・金・方法（4M）』を適切に運用することである。
　短期、中期、長期の経営計画を立て、実行し、その結果を確認しながら次の段階へ進み、あるいは計画の修正を行なう。
　いわゆる PDCA（Plan/Do/Check/Action）という管理サイクルを廻すのである。
　通常、会社の活動計画は、年度の始めに社内外に提示される。会社の理念・夢に向けて、前年度の反省、将来の予測を元に策定され、会社の活動の最上位の方針・目標が示される。
　方針・目標を達成するためには手段が必要であり、その手段は更に詳細かつ具体的な手段へと展開される。
　社長は、それらの展開された手段に対して経営資源を割り当て、個別に管理しなければならない。
　『金』は特に重要な経営資源であり、個別の活動ごとに適切な予算を設定し実績を収集する必要がある。
　これを管理会計という。
　管理会計用に作成される書類は、社長が個別の活動を管理し易くするために作成するものであり、その様式は、会社ごとに異なるといって良いだろう。また、それら書類には『金』の出し入れに関わる詳細なデータが含まれるため、社外には開示しないのが普通である。
　従って、管理会計には、貸借対照表、損益計算書のような標準の様式はない。
　財務会計が外向きであるのに対して、管理会計は内向きである。

1.3 会計データの収集 ― 簿記

　会社が活動すると、人・もの・金の移動が発生する。
　少しヨソイキな言葉で言えば、『価値』が移動するのである。
　移動する価値を、全てお金に換算して細大漏らさず記録し分類・整理して、

必要とするデータを計算する活動が、簿記である。

　簿記で記録されたデータは、通常、年1回集計されて決算書にまとめられるが、他方で、週、月、あるいは四半期毎に集計されて管理会計に必要なデータが作成される。

　簿記は、云わば、経営における現状把握の基盤である。

1.4 会社の活動　—　利益の追求

　会社は、設立された途端、お金が出てゆく。

　ジッとしていても、である。

　ましてや、社長を始め社員が活動すれば、お金はドンドン出てゆく。

　社長が、博打で何億円ものお金をスッテしまったなど、あるまじきことも起こる。

　貸借対照表で見れば、「資産」が刻々目減りしてゆくのである。

　放って置けば、元手を使い果たし、借金をしていれば『債務超過』という不名誉な事態に陥（おちい）る。

　行き着く先は倒産であり、社員全員が職を失うことになる。

　こうならないため、会社は、経営理念達成に向けて、定款に定めた事業を行い、お客からお金を頂かなければならない。

　お客からお金を頂けば、貸借対照表の「資産」は増える。

　出て行ったお金よりも入ってきたお金が多ければ、利益が出たということになり、投資家へ配当を支払い、会社自身の将来に対して投資も出来る。

　会社が利益を出し存続できるようにするためには、社員が使うお金が、お客から頂くお金の増加に結びついていなければならない。

　売上に寄与しないお金は使いたくないと、社長が思うのは当然として、社員一人ひとりが『今やっていること／やらないことが、利益にどう関わるのか』を判断できることが望ましい。

　会社が受け取るお金は、入り口が少ないので、理解し易い。

　他方、お金の出口は至るところにある。じっとしていてもお金は出てゆく。

『出てゆくお金が、商売の役に立っているのか、会社の最終的な利益とどう繋がっているのか』、社員がこれを意識できること、意識することが極めて重要である。

＜寄り道＞　財務諸表（決算書）には『読み方』がある

　会社が作成する財務諸表は、利害関係者に対する報告であり、主な利害関係者は、出資者、債権者、取引先、会社従業員、国である。
　報告の目的は、会社の経営状況を伝えることである。
利害関係者が知りたい経営状況とは何かといえば、主に次の二つである。
　　・会社が倒産する恐れはないか
　　・適正な利益を得るための活動が出来ているか
この兆候をつかむため、財務諸表のデータを分析し評価する。
　評価の指標として用いられる代表的なものは、
　　・倒産の危険性については、　　（債権者の視点）
　　　　　　　　自己資本比率、流動比率、当座比率
　　・儲ける力については、　　　　（出資者の視点）
　　　　　　　　資本構成、資産構成、収支比率
であるが、更に詳細な分析をするための指標も色々考案されている。
また、当期のデータだけでなく、過去のデータ、あるいは同業他社のデータと比較することにより、より的確な判断が出来る。
財務諸表の分析の切り口は上記以外にもあり、専門書を参照されたい。
　財務諸表は、本来スッピンであることが望ましいが、美しく見せたいという思いから化粧されることが多い。厚化粧が過ぎると、眼力のある人に見抜かれ、『粉飾決算』という泥を顔に塗られることになる。
　各社の決算報告書は、従来、日刊の新聞に掲載された（決算公告という）が、最近はWEBサイトで見られるケースが増えた。
また会社に関する詳しい情報は、シンクタンクが発行する会社年鑑にまとめられており、上場企業については、証券取引所で有価証券報告書を参照することも出来る。

第2章　原種'リンゴ'

2.1 利益は誰のもの

　先に述べた通り、事業は持続できなければならない。
個人経営、家族での商売、あるいは会社であれ、事業に携わる個人々々の現在また将来の幸福のためでもある。
そのためには利益を生み出すことが不可欠である。
　では、利益はどのようにして計算するのかと問われれば、多くの人は、
　　　　　『簡単、簡単！　売上からコストを引けばいい』
と答えるのではなかろうか。
　正解である。では、別の方法は？と聞かれる、はてな？と思われるのではなかろうか
　そして、次の説明を読んで　『そう云われれば、そうだ』と気付かれることだろう。

2.1.1 二つの利益計算法

　利益を計算する方法は、二つある。
　その一つは、
　　＜方法1＞：収入から費用を引いて求める方法
であり、もう一つは
　　＜方法 2＞：現金残高から、元手として準備した金額を差し引いて求める方法
である。

＜方法1＞：収入から費用を引いて求める方法　　（損益法）
　この利益計算の式を書けといわれれば、読者は迷いなく、次の式を書かれるだろう。

第２章　原種'リンゴ'

<u>利益　＝　売上　－　コスト</u>

これを図示すれば、下図のようになる。

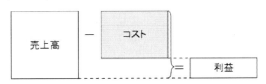

　この方法は損益法と呼ばれ、現在の会計（制度会計）で使われている損益計算書の原型である。
　計算の元になるデータは、事業の内容、やり方に深く関係している。販売業なのか、製造業なのか、はたまたサービス業なのかによって、データの種類、名称は大きく異なる。
　また、利益を計算する過程で作成されるデータは、商売の成り行を判断する上で非常に重要であり、先に述べた管理会計データの主要部分でもある。

＜方法２＞：現金残高から、元手として準備した金額を差し引いて求める方法（財産法）

　この方法は、どんな商売をしたかなど一切お構いなく、現在持っている現金（残高）から、元手として準備したお金を差し引いて求めるものである。

<u>利益　＝　現在持っているお金(残高)　－　元手として準備したお金</u>

図で表わすと、次のようになる。

　この方法は**財産法**と呼ばれ、貸借対照表との関係が深い。
　この方法によれば、＜方法１＞のように、売上高がいくらだとか、コストはいくらだと云うような細かいデータは必要ない。

15

どんな商品を売り買いしたかとか、どんなサービスを提供したかなど、お構いなしである。

＜道草＞　小話し　―　利益はいくら

長屋住まいの八五郎は、朝、おかみさんから現金 3 千円の入った財布を渡され、『一生懸命稼いでおいで！　帰ってきたら、財布を返して頂戴。稼ぎが少なかったら、夕御飯あげないよ』といわれた。八五郎は、一日懸命に働いた。夕方、真っ黒に汚れた手からおかみさんに返した財布には 1 万 1 千円が入っていた。亭主の晩御飯にはお調子が一本付いた。

財産法によれば利益は、現在持っているお金（残高）と、商売を始める前に持っていた金額とが分かれば簡単に計算できる。
どんな事業をやろうが無関係で、いわば財産がどれだけ増えたかに注目するものである。

2.1.2　貸借対照表の原型
ここで、＜方法 2 ＞（財産法）の式を少し変形して見ると、次のように表わすことが出来る。

<u>現在持っている(お金)　＝　元手として準備したお金　＋　利益</u>

図示すれば、次のようになる。

これを、表形式で表わすと、次のようになる。

第2章　原種'リンゴ'

<u>貸借対照表の原型</u>

'財布'	'お金の出所'
・現在持っているお金 　（残高）	・元手として準備したお金 ・利益
合計	合計

←同額→

そして、これが現在の会計における「**貸借対照表**」の**原型**である。

2.2 寸劇　「オランダ人冒険家のインド香料事業」

ここで、貸借対照表の理解を深めてもらうため、寸劇を見て頂こう。

『 時(とき)は、大航海時代の幕開け。

当時、オランダのアムステルダム港には、インド、香料諸島と交易をする船がたくさん出入りしていたと云う。

ヨーロッパでは香料に対する需要が旺盛だった。香料といえば料理、おしゃれを思い出すが、むしろ宗教、生活臭対策としての意味合いが強かったそうだ。

冒険心旺盛な事業家が持ち帰った香料は、高額で取引きされた。

船が難破したり、海賊に教われたりするリスクは高かったが、大きな利益が得られるため、この商売は繁盛をした。

ただ、この事業を行うには多額の元手が必要であった。にも拘らず、冒険家にはお金がなかった。

そのため、冒険家は、豪商、貴族、寺院などから資金を出してもらって、この事業を行った。

冒険家はお金持ちを、こう説得した。

・インドで商売をしたいので、お金を出して下さい。
・航海が終わったら借金を返済し、残ったお金は全て差し上げます。
・ただし、利益が出たら、その四分の一を成功報酬として私に下さい。
・また、船が難破したり海賊に襲われて無一文になっても、お金は弁償しません。

この提案は、お金持ちから見ればリスクはあるものの、魅力的だった。

一（ひと）航海の成果から、最初に冒険家に渡した金額(出資金額)を差し引いた金額総てが、出資者にとっての利益であり、冒険家への（成功）報酬はその中から支払えばよかった。

冒険家は、首尾よくお金持ちから出資してもらうことが出来、香料買付のための銀を積んで、勇躍アムステルダム港を出帆した。
艱難辛苦の航海の末、冒険家は、インド、東南アジアの香料を山ほど積んで、オランダに戻った。
持ち帰った香料は飛ぶように売れ、予想以上の利益を上げることが出来た。
めでたし！めでたし！　』

2.2.1 冒険家の事業活動

冒険家が行なった活動は、大きく3つある。
　　　　①元手を集める活動
　　　　②お客との商売
　　　　③事業を清算する活動

（1）元手を集める活動

冒険家の活動は、事業の元手を集めることから始まる。
冒険家は計画書を作成し、出資してくれそうなお金持ちに説明して、出資を勧誘する。
　首尾よく出資者から出してもらったお金は、'冒険家の財布'に入いる。いわゆる元手となる。
　この状態を、図示すると、次のようになる。

さらにこれを、貸借対照表の原型に書き換えると、次のようになる。

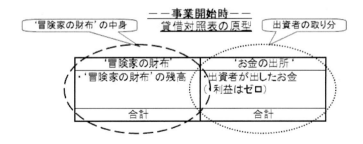

（2）お客との商売

　冒険家にはお金を集める手腕も必要だが、元手が集まった後こそ冒険家の本領発揮のしどころだ。
　'冒険家の財布'に入ったお金(元手)の運用はすべて、投資家から冒険家に任される。
　冒険家は、'冒険家の財布'に入っているお金を増やすこと、即ち利益を上げることに邁進(まいしん)する。
　このやり方こそが、後の「株式会社」の源流である。

　元手が集まった後、冒険家は次のような活動を行った。

『　航海に出るに前に、冒険家は、元手のお金を使って船を借り、残りの大半のお金は、現地で香料を購入（物々交換？）するための銀に交換した。現地ではヨーロッパの工芸品に対する需要はあまりないが、空荷（からに）で行くよりましと思い、室内装飾用のタペストリーを少々購入した。大きな利益とはならないまでも、香料の有利な買付の潤滑剤にする積もりである。
　'冒険家の財布'からは、殆んどのお金が出て行った。

　　インドに到着後は、ヨーロッパから持って行った銀で、出来る限り多くの香料を買い付けた。

香料の取引先に、『おまけ』として持って行ったタペストリーを贈ったところ、もの珍しさから大変喜ばれ、商談を非常に有利な条件で進めることが出来た。
香料を満載して母港アムステルダムに戻るとすぐ、香料の主要な卸商に連絡を取った。
ニュースは瞬く間に業界筋に伝わり、あたかもオークションのような状態で、持ち帰った香料に高値がつき、全て売切れた。その代金で'冒険家の財布'は、はち切れんばかりであった。　　』

　冒険家は、これら活動を行う中で　'冒険家の財布'を出入するお金について、逐一帳簿に記録させた。
　お金が出入りするのは、出帆前、インドでの商売をするとき、それとアムステルダムに帰港後だけであるので、簿記の専門家を地元と現地で臨時に雇い、お金と帳簿の管理に当たらせた。
　この帳簿が現金出納帳であり、簿記の原型である。
　航海中、'冒険家の財布'と帳簿は、船長室の一番奥の金庫に厳重に保管した。

（3）事業を清算する活動
　冒険家は、帰港後香料の販売が完了すると、インド香料事業を清算した。売れるものを全て売り、船の費用、その他の支払を全て済ませると冒険家の財布には莫大なお金が残った。
　冒険家がお金持ちから成功報酬を貰うためには、インド香料事業の成果報告をする必要があった。
　単純明快な報告書が、**貸借対照表の原型**であった。
　事業開始時に作成した貸借対照表の原型(前出)と、現金の入った'冒険家の財布'とをお金持ちに示せば、いくら儲かったかは直ぐに分かる。
　この場合の、投資家出資者の利益の計算は、次のようになる。
　　　　　一航海の成果　＝　出資者が出したお金　＋　利益

図で表すと、下図のようになる。

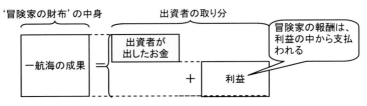

これを貸借対照表の原型に書き換えると、下図のようになる。

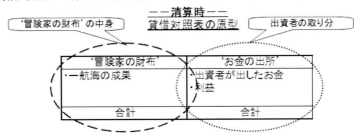

この図から読み取って欲しいことは、二つ、ある。
　a. '冒険家の財布'の中身(合計)と、出資者の取り分(合計)は同額である。
　b. 一（ひと）航海で出た利益は、出資者のものである。

第3章　'リンゴ'の皮

本章では、会計・簿記の概要について説明する。

3.1 株式会社
3.1.1 株
　先に述べた寸劇で、冒険家の事業活動は、資金集めからスタートしたことを説明した。
　現代においても事情は同じであり、起業家が事業を始めるためには、まず元手を用意して会社を設立する。
　会社にはいろいろな形態があるが、今、最も一般的な会社は株式会社である。

　株式会社というしくみは大航海時代に生まれたものであり、会社設立に必要な元手は、賛同者からお金を集めて作る。
　お金を出した人は、会社の経営方針の決定に参加し、配当金を貰う権利が与えられる。その権利を「株」と云う。
　株を持っている人を、株主と云う。
　株の数は、出資額に比例する。

3.1.2 出資者と経営者(取締役と執行役員)
　出資者は、お金は出すが経営はしない。実際の経営は、会社を経営する力のある人に委託する。
　委託された人(役員)が一人であればその人が社長になり、複数のメンバーに委託された場合にはその代表が社長になる。
　会社の日常的な運営方針の決定は社長が行うが、経営の重要な決定事項については出資者(株主)が決定権を持つ。
　大きな会社の場合には、経営計画を立てその計画の遂行状況を監視する役

第3章　'リンゴ'の皮

目を持つ取締役と、立てられた計画を実行する責任を負う執行役員とを区別する場合もある。

インド香料事業の寸劇では、冒険家が実際の商売を取り仕切った。云わば、冒険者が社長である。

3.1.3 資金調達（出資、融資）

冒険家の寸劇では、元手のお金を集めるとき「出資」という言葉を使ってきたが、資金を調達する方法には、「融資」という方法もある。

出資、融資ともに『お金を出す（提供する）こと』は同じであるが、次のような違いがある。

出資：　株式会社に出資したお金は、返済を要求できない。
　　　　ただし、その会社で出た利益は、全て出資者のものになるので、高配当が期待できる。
　　　　会社の業績が好調であれば、会社に株（権利）をプレミア付きで買い取って貰うことが出るかもしれない。
　　　　出資したお金が戻ってくる可能性があるのは、会社が事業をやめて精算したときであり、（運よく！）債務超過でなく剰余金（＝利益）が出れば、応分のお金が戻る。
　　　　最悪、戻ってくるお金がゼロということもありうる。
　　　　借金の肩代わりをさせられることは、ない。
　　　　いわば、ハイリスク・ハイリターンの投資である。
　　　　投資する会社が上場企業であれば、投資するお金に対する権利を株券として売買するしくみ（株式市場）があるので、これにより投資したお金を回収するしくみはある。

融資：　お金を貸すことであり、返済を前提としている。
　　　　貸す条件として、合意した利率で一定期間ごとに利息を受け取る権利を設定する。
　　　　貸したお金の返済時期も前もって決めておき、万一返済されない場合についての対策（担保など）も決めておく。

株式会社が出資してもらった場合、そのお金は、返済する必要がない。
　また、金融機関からの借入金のように、決められた利子を払う義務はない。『貸しはがし』（昔の話？）に会うこともない。
　従って、融資を受けにくい創業時には、特に有難いお金である。
　個人で事業を始めたいが自己資金が少ない場合、親・兄弟・親戚に出資してもらい、株主になって貰ったという話をよく聞く。
　出資者になってくれる人たちは、社長の事業が成功することを心底願ってお金を出してくれるのであって、経営に口出しせず、配当という見返りを求めないことも多い。
　また、最近ではインターネットで出資者を募る、『ネットファンディング』なるしくみが広く認知されてきているようである。
　出資者一人当たりの出資額は少なくても、広く、多くの出資者から必要な資金を集められる可能性がある。
　出資金だけでは元手が不足する場合は融資に頼らざるを得ないが、民間金融機関に頼る前に、公的な支援、例えば国民政策金融公庫、信用保証協会からの融資、国・自治体からの補助金・助成金の利用をまず考えてみるとよい。

　会社が創業期を過ぎ安定した営業活動が出来るようになっても、収入・支出には波があり、資金が不足する場合が生ずる。
　このとき頼るのは、通常、金融機関からの融資である。
　また、融資以外の資金調達も考えられる。
　『融資もどき』とでも呼べばよいだろうか、例えば、買掛、支払い延期、前受け金などであり、実際にお金を借りるわけではないが、借りたと同じ効果をもつ。
　資金繰りの有力な手段である。

3.1.4　'社長の財布'と'お金'

　インド香料事業の寸劇では、集まったお金は'冒険家の財布'に入った。会社の場合、その設立のために出資してもらったお金は、冒険家の例に倣(なら)って**'社長の財布'**に入ったことにする。

第3章 'リンゴ'の皮

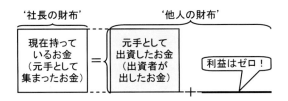

　もう一つ、ここで言葉の定義（大袈裟？）をしておく。
　これまで、お金という言葉を何度となく使ってきたが、『現金』と解釈された読者が多いのではなかろうか。
　そう解釈するのが、一般的であろう。
　ただ本書では、以後、お金の意味を少し拡大解釈して、日常『お金持ち』という場合の『お金』と解釈して頂きたい。そしてこのお金を**'お金'**と書くことにする。
　『お金持ち』が持っている『お金』は、現金ばかりではなく、預金、証券、土地・建物など、日常用語で『財産』と呼んでいるものを全て含んでいる（と思う）。
　更に、会計・簿記では、これら目に見える財産ばかりでなく、目に見えない権利を含めて「資産」と呼んでいる。
　本書では、'お金'と、会計・簿記で云う「資産」とは同じものと考える。
　ならば、「資産」という用語をそのまま使えば良いと思われるであろうが、筆者自身が会計・簿記の初心者であった頃を思い出してみると、少しカシコマッタ「資産」と言う言葉は、脳が『人見知り』ならぬ『言葉見知り』をして、スムーズに受け入れてくれなかった。そのため、日頃聞きなれた'お金'に登場してもらった訳である。
　本書の'勉強家'流会計・簿記では、**'社長の財布'を中心に据え、社長が行う活動により出入りする'お金'の動きを考える。**

3.1.5 資金の運用

　元手として集まった'お金'を眺めていても利益は生まれない。
　そもそも何故'お金'を集めたかといえば、事業を行ない利益を獲得する

ためである。

　社長はその裁量によって、集めた'お金'を投資活動、営業活動、財務活動に使う。'社長の財布'からは'お金'が出て行く。

　逆に、営業活動が順調に進めば、お客からの売上金が'社長の財布'に入って来る。

　結果として、'社長の財布'に入っている'お金'が、活動を開始したときよりも増えていれば、利益が出たことになる。（＝財産法による利益の求め方）

　会社のこれらの活動と、'貸借対照表の原型'の'お金'の出入り、それに伴う利益の変化について見てみよう。

＜例1＞現金で商品を買う

　社長が商品を仕入れて、代金を現金で支払ったとする。

　'社長の財布'から現金がなくなり、代わりにその現金と等価な商品が'社長の財布'入る。利益も損失も生まれていない。

　このとき社長は、現金が出て行ったことを記録すると同時に、現金と等価な商品が入ったことも記録する。

　商品そのものは大き過ぎて dunhill の財布では入らないが、'社長の財布'は上等な virtual (仮想)製なので何でも入ってしまう。

　結果としては、'社長の財布'に入っていた現金という'お金'が、商品という'お金'に化けたことになる。

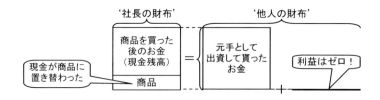

＜例2＞商品を現金で売る

　店頭販売していた商品が売れて、代金を現金で受け取ったとする。

　'社長の財布'から商品という'お金'が出て行くが、代わりに現金と

いう'お金'が入って来る。
　商品が現金に化けたことになるが、その金額は、商品を投げ売りしたのでない限り、商品の仕入金額よりも高く設定されている。
　従って'社長の財布'の'お金'は、商品を売る前よりも増えたことになる。
　そして、その差額が利益(粗利)になる。

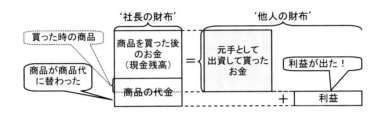

＜例３＞'お金'が減るだけというケースもある

　見かけ上'社長の財布'の'お金'が、一時的に減るだけというケースもある。
　インド香料事業の例で云えば、船の賃借料である。
　但しこの場合、'お金'が減ったと云ってもただ消えてしまったというのではなく、利益を生むために不可欠な出費である。
　社長の財布'の'お金'は一旦減るが、出費を上回る売上（代金）として後で戻ってくる。
　'社長の財布'の'お金'は元手以上に増え、利益が生まれる。

　他方、売上にも貢献せず、本当に'お金'が消えてしまう場合もある。
　例えば社長が博打に手を出して丸損したとか、現金を盗まれたというような場合である。また、一日中喫茶店でコーヒーを飲んで過ごしているような営業マンに支払う給料も、これにあたる。

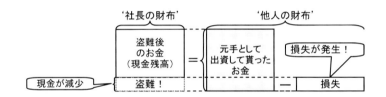

上記＜例1＞＜例2＞＜例3＞から理解してほしいことは、次の通りである。

> a. 社長が元手として集めた'お金'の調達先は、貸借対照表の原型の**右側**、即ち'他人の財布'の中身として表示される。
> 他方、**集まった'お金'は左側**、即ち**'社長の財布'の中身**として表示される。
> b. 社長が'お金'を使えば、左側の'社長の財布'の金額が減り、'お金'が入ってくれば増える。
> c. **'社長の財布'の金額が増減**すれば、**'他人の財布'の金額も同じだけ減ったり、増えたり**する。
> 何故なら、原理的に、'社長の財布'の金額と'他人の財布'の金額は等しいからである。
> d. '社長の財布'の金額が増減しても、**'他人の財布'に記載されるお金の内、『元手として出資して貰ったお金』は、変化しない。変化するのは「利益」**(あるいは**損失**)である。

因みに、'社長の財布'の中身の変化と、利益だけに着目（元手は無視）した決算書が、損益計算書である。

＜回り道＞　借金をした場合

例えば＜例1＞で支払いを『掛け』にした場合（買掛）である。
取引先に借金をしたことになる。
商品が'社長の財布'に入ってくるのと同時に、'他人の財布'に同額の買

掛金（社長から見れば借金）が計上される。
即ち、両方が同額だけ増えることになり、利益には全く影響を与えない。
その図を、＜例1＞＜例2＞＜例3＞に倣って読者自身で描いて見られては如何―。

3.1.6 会計期間

　大航海時代の初期には、インド香料事業の寸劇で述べたように、一航海が終わるたびに、事業を精算したそうである。
　しかし経験を積む内に、航海の都度、事業を清算していたのでは手間がかかって仕方ない、帳簿上は清算したことにして、事業は継続できるようにしようと思いついた。
　これが決算であり、『清算もどき』を定期的にやるようになった。

　通常、決算は年1回行い、実施時期は任意に設定することが出来るが、日本では毎年3月末日を年度最終日とするケースが多い。
　'桜の国'日本ならではであり、学校と同様、4月に新しい気持ちで新しい年度の始めたいということだろうか。
　経済のグローバル化に伴い、西洋式の9月決算と云う会社も多くなっているようである。
　また、自営業を営んでいる人たちにとっては、12月31日が年度最終日となる。
　これは個人所得税の申告期限をお国が決めているためであり、お役所は自らの年度末である3月までに、個人の所得税の始末をつけてしまいたいということから決まったのではなかろうか。
　また、日本では年末までに仕事のけりをつけて、良いお正月を迎えましょうという伝統的生活習慣から来ているのかもしれない。
　いずれにしても、お役所との関係から、年に1度、'社長の財布'の中身と商売の状況をまとめて報告する必要があり、このデータを作成するのが決算である。
　決算を行う周期（通常、1年）を「会計期間」と呼んでいる。

決算は、先に述べたように、会社を一旦清算するようなものである。
　会社の所有物（財産）をすべて現金化して、出資してくれた人にお金を返し、残ったお金（利益）は、資本金を出資してくれた人に差し上げる。
　しかし、現実には、精算はしない。
　精算した積もりで、貸借対照表、損益計算書を作成し、そのときの‘社長の財布’の中身はそのまま、次の年度の元手として継承されることになる。
　『‘社長の財布’の中身はそのまま』といったが、正確に言えば、利益の使い方によって次の年度初めの財布の中身は少し変化する。例えば、会社の利益の一部は必ず、次年度のために取り分けておくこと「法定準備金」が義務づけられており、また会社が利益を貯金すること（「任意積立金」）もある。が、これらの‘お金’は社外には出て行かず、会社の中に残っている。
　他方、利益が出れば所得税を収めなければならない、また、株主に配当金を支払い、社長にボーナス（賞与）を上げましょうということになった場合には、利益から差し引かれ、お金が社外に出て行く。
　従って、新年度が始まったときの‘社長の財布’の中身は、決算のときよりも少し軽くなるのが普通である。
　このように新年度の社長の財布の中身を計算することを、「繰越処理」と云う。（新しい帳簿も準備する）
　自営業であれば、年度初めに元入金を設定するのと同じことである。

3.1.7 利益の配分

　インド香料事業で冒険家が得た利益は、貸借対照表の‘他人の財布’の欄に記載され、株主のものだと説明をした。
こう云い切れたのは、株式というしくみ(権利)が発明された大航海時代の話である。
　現在はどうか云えば、会社が『無期限に継続すること』（ゴーイングコンサーン)を前提にするようになってからは、総ての利益は株主のものと言い切ることは出来なくなった。
　松下幸之助が『企業は社会の公器である』と云ったように、会社の活動そのものが社会に貢献するものでなければならず、会社の従業員が安定して生

活の糧を得られる場でなければならないという考え方になっている。
　従って、株主の配当を最大化するために、従業員の給与を削るとか、将来のための開発投資は止めると云ったことを、株主が声高に主張することは許されなくなっている。
　他方、会社を存続させるためには、新しい設備を入れたり、研究開発を行なったりして、会社自身に投資をして行く必要がある。

　会社も利害関係者も、自分の取り分が多いに越したことはない。
　詩人　相田みつをの言葉に『奪い合えば足らぬ、分け合えばあまる』という警句がある。
　利益配分の落とし処は、企業存続のため、延いては企業理念の追求のために分け合うということだろうか。

＜寄り道＞　社長の給料

　これまでの説明で、社長の給料・賞与はどうなるの？と心配される向きもあろうかと思うので触れておく。
先に述べた通り、'社長の財布'の'お金'は社長の所有物ではない。
社長は、株主からお金を預かって運用する人であるから、利益が出たらその中からご褒美（**賞与**）を貰うというのが、自然である。
しかし、1年間まとめて払うよと云われても、賞与ゼロの可能性もあるというのでは、太っ腹な社長でも不安であろう。社長と云えども人間であり、家族もあり、日々の費用が発生する。一般の従業員と同様、月々の給料があった方が、社長の精神状態も安定し、経営に身が入るだろう。
そのため、社長の給料も、従業員の給料と同様、売上を上げるための費用として計上するのが普通である。（従業員の賞与も費用である）
従って、社長の給料は、貸借対照表には現われず（'お金'が減るだけ）、損益計算書の費用に含められる。
　他方、社長の賞与は、株主の承認のもとに利益の一部が割り当てられるため、貸借対照表の「貸方」欄に記載される。損益計算書には現れない。

3.2 決算書
3.2.1 貸借対照表と損益計算書の生い立ち

　インド香料事業の寸劇では、冒険家は投資家に貸借対照表を示して『めでたし、めでたし！』になったと述べたが、実は筆者の説明不足であった。

　冒険家は、損益計算書も作成し、貸借対照表の原型とともに投資家に報告したのである。

　損益計算書により報告した内容は、『どんな経緯で利益が得られたのか』である。

　お金持ちから出資をしてもらって以降、大航海をし、帰港して事業を清算するまで記録してきたお金の出入りを整理して、売上、費用に分類し、最終的に利益はこうなりましたと報告した。（損益法）

　その利益は、貸借対照表の原型で求めた利益と一致した。

　お金持ちはこの報告を受けて、冒険家のインド香料事業が適正に行われ、大きな成果を挙げたことに納得した。冒険家は予想した以上の報酬を貰うことができた。

　歴史上、「利益」と云う概念がいつごろ生まれたかは分からないが、そもそもは大昔、地域のボスが年貢など『物』の出入りを記録し残高を確認する必要に迫られ、自然発生的に利益計算法の原型が生まれたのだろう。経済発展にともなって管理の対象が『物』から『お金』に代わっても、損益計算書さえあれば、利益計算に支障はなかったのではなかろうか。

　他方、貸借対照表が現れたのは、中世末期のヨーロッパである。

　ヨーロッパでは、西暦900年ごろから地中海貿易が盛んになり、北イタリアを中心に東方貿易(レバント貿易)が勃興する。陸路ではシルクロードによる交易が盛んに行われた。

　マルコポーロ（1254・1324）の東方見聞録に、その様子が活き活きとつづられている。

　商売の取引規模・範囲の拡大に伴い簿記も進歩し、西暦1300年頃イタリアで複式簿記が考え出された。そもそもは、取引先とのお金の貸し借りを記録するための帳簿だったという。

第3章 'リンゴ'の皮

これが元になり現在の貸借対照表に発展し、今も成長中（？）である。

3.2.2 決算書の役割分担

既に述べたように、利益の計算方法には二つあり、それぞれに対応する決算書類がある。

　　　・損益法　―――損益計算書
　　　・財産法　―――貸借対照表

では、何故二つの計算書が必要なのか。

実は、貸借対照表は、利益を説明するための書類ではない。

決算時の'社長の財布'と'他人の財布'の状況を表わすためのものであり、利益はその一部なのである。

利益について説明するための書類は、その名の示す通り、損益計算書である。

以下、それぞれの書類について説明する。

貸借対照表	
借方	**借方**
資産	**負債**
種類別資産金額	種類別負債金額
	純資産
	株主資本
	資本金金額
	剰余金金額
	など
	……
資産合計	**純資産・負債合計**

損益計算書
売上高
売上原価
販売費および一般管理費
営業利益
営業外損益
営業活動以外の損益
経常利益
特別損益
非日常的、突発的損益
税引前当期利益

※ 太字は標題、細字は説明

（1）損益計算書

（イ）役目

損益計算書は、利益（不幸にして損失になることもある）が出た根拠を示す書類である。

損益計算は、社長の財布にいくら'お金'があるか（残高）にはお構いなしである。

例えば、仕入に際し、代金を支払うだけの'お金'がなくても、仕入

先が了承すれば買掛として取引は成立し、利益の計算値は、現金払いの場合と全く同じとなる。
　ただし、この時点で貸借対照表を作成したとすれば、買掛の場合と現金払いの場合とでは異なった内容の貸借対照表になる。

（ロ）記載内容
　損益計算書の記載内容を式で表すと、次のようになる。

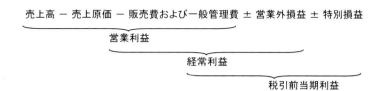

　営業利益は、会社が商品あるいはサービスを提供すること（本業）によって得た利益であり、売上から費用を差し引いた金額である。
会社の稼ぐ力を表わす指標であり、最も重要な利益である。

　営業外損益とは、本業以外で、会社の日常活動から得られた利益（あるいは損失）である。例えば金利などである。
　そして、営業利益に営業外損益を加えた利益を、経常（けいじょう）利益という。
　会社の日常的な活動で得られた利益を表わし、会社の活動全体を評価する指標として使われることが多い。
　「経常」を「計上」と区別するために、『けいつね』と呼ぶこともある。

　この経常利益に特別損益を加えたものが、最終的な利益(税引前当期利益、あるいは当期純利益)である。
　特別損益とは、日常的でない出来事によって会社が得た利益、あるいは被った損失である。
　特別利益としては土地の売却益、特別損失には自然災害・火災・盗難

による被害などがあり、会社の経営力を評価する上では除外しておいた方がよい要素である。

とはいえ、予想外の出来事を含めて、一会計期間で会社がいくら儲かったかを表わすのが最終的な利益(期間利益)であり、配当を期待している株主が最も気にする利益である。

この値は、貸借対照表（財産法）で求めた利益と一致する。

因みに、冒険家の寸劇での利益には、営業外損益、特別損益は含まれておらず（ゼロ）、営業利益が、経常利益であり、最終的な利益である。

（2）貸借対照表
（イ）役目

貸借対照表は、貸借対照表を作成する時点で会社が持っている財産の内訳を説明するものである。
即ち、
  a.会社の財産（種類と金額）　―――'社長の財布'
  b.財産の資金源（由来と金額）　―――'他人の財布'
を示す書類である。

ただし、記載された財産は、決算書を作成した時点の、云わば瞬時値である。

写真でいえばスナップ写真である。

もし、日々の取引が発生するたびに決算書を更新したとすれば、社長がお金を使うたびに財産は減り、売上が上がれば増えることがわかるだろう。（連続写真？）

貸借対照表の最終行には、財産の合計金額と資金源の合計金額がそれぞれ記載され、同額になる。（筈である！）

逆に、同額であることを確認することによって、貸借対照表と、その拠り処である簿記データの正確性を確認することができる。

複式簿記(後で説明する)を採用するとこの正確性を確実に保つことが出来るため、日本の会計基準では複式簿記が「正規の簿記」と認められている。

(ロ) 記載内容

　貸借対照表の左側「借方」の欄が'社長の財布'を表わし、右側「貸方」の欄が、財産を取得した資金源'他人の財布'を表わしている。

a. 「借方」の内容

　「借方」の欄には、財産の種類、例えば流動資産である現金とか固定資産である土地・建物とかの名称と、金額が記載されている。(詳細は「5.1 勘定科目」で述べる)

　最下段には、それら財産の合計金額「資産合計」が記載される。

b. 「貸方」の内容

　他方、「貸方」の欄には、『「借方」に記載された財産の資金源は何か、その金額は幾らか』が記載される。

　つまり、会社が財産を取得するためにどんな出資・融資を受けたのかを示しており、同時に会社が蓄えた利益(出資者のもの)が表示される。

　冒険家の寸劇で、『事業を清算して冒険家の財布に残ったお金は、全て出資者のものである』と説明した。

　現代の会社でも事情は同じであり、会社の財産は、最終的には出資者の持ち物である。

　もう少し正確に言えば、冒険家あるいは会社が借金をしている場合には、先ず借金を返済し、その後に残る財産が出資者の財産である。

　社長が預かったお金は、出資されたものか／借りたものかに関係なく、'社長の財布'に残っている。まとめて会社の'お金'であり、'お金'に所有者名は書いてない。

　この'お金'が運用されて'お金'の姿(種類)が変っても、例えば現金が土地に変わっても、結果として会社が保有している財産はお金を貸してくれた人と出資してくれた人のものである。

　これが、株式会社というしくみの原理である。

第3章 'リンゴ'の皮

<道草> 「資産」と「純資産」

　2006年に「会社計算規則」（法務省令)が改正された。
会社が保有している財産を、「借方」という視点から見た場合、「資産」という。
同じ財産を「貸方」という視点から見た場合、規則改正前は、「負債」「資本」と呼んだ。
改正後は、それが「負債」「純資産」になった。
『純』という言葉がついているとはいえ、同じ「資産」という言葉が「借方」「貸方」の双方で使われているため、'勉強家'にとっては「借方」「貸方」の関係が更に分かりにくくなった感じがする。

3.2.3 理解しにくい「借方」「貸方」
(1) 貸借対照表の「借方」「貸方」は'社長の財布'と'他人の財布'

　決算書に限れば「借方」「貸方」という標題は、損益計算書には現れず、貸借対照表のみで使われる。

　既に何度か触れたように、貸借対照表は、次の様な様式で記入することになっている。

借方		貸方	
科目	金額	科目	金額
会社の資産		会社の負債、純資産	
資産の部合計		負債及び純資産合計	

　何故「借方」「貸方」という名前がついたかと云えば、明治時代、西洋の会計書を翻訳した福沢諭吉が、Balance sheet（貸借対照表）の左側に書いてあった「Debtor」を「借方」、右側に書いてあった「Creditor」を「貸方」と訳したためと云われている。

　今、英和辞書を引いて見ると、『借手』、『貸手』と云う訳もある。

　昔は男性を『殿方』、家庭の主婦を『奥方』と呼んだのと同じ理屈で、「借方」「貸方」になったのかも知れない。

　いずれにしても、貸借対照表のみを見れば、「借方」「貸方」と云う標題は、

多少分かり難くはあっても、次のように解釈することが出来る。

　　　　「借方」欄：借手のお金の情報を記載する欄
　　　　「貸方」欄：貸手のお金の情報を記載する欄

　更に穿った見方をすれば、貸借対照表は、決算を行なおうとしている会社に関するものであるから、

　　　　「借方」の**借手**は、会社の代表である**社長**

であり、

　　　　「**借方**」は、社長が管理する'お金'を入れる'**社長の財布**'

と、筆者は考えた。

　冒険家の寸劇では、「借方」を'冒険家の財布'と呼んだのと同じ理屈である。

＜寄り道＞　『たとえ』の効用

　現在は、『借方、貸方ありき』『問答無用！』の時代である。
「借方」は『左』、「貸方」は『右』と覚えろという。
『かり(借)』の『り』と云う文字の書き終わりは左を指しているから「借方」は『左』、『かし(貸)』の『し』は右にハネテいるから「貸方」は『右』、と云う覚え方もあるそうだ。
　昔、小さい子に「右左」という概念を教えるときには、『右はお箸を持つ手、左は茶碗を持つ手』と教えたものである。
筆者が通っていた幼稚園でも、先生が『皆さん、右手を挙げてください、お箸を持つ手ですよ』と教えてくれた。
ギッチョの筆者は、左手を上げて、先生から『違うでしょ！』と注意されたことを思い出す。
有無を言わせないという理不尽さはあるものの、『たとえ』は大変役に立っている。
　'社長の財布'も役立ってあって欲しいものである。

（2）会計帳簿の「借方」「貸方」

（1）では貸借対照表(決算書)の「借方」「貸方」について説明をした。これで一件落着かといえば、そう簡単ではない。

何故かといえば、会計帳簿(以下、帳簿という)では「借方」「借方」の欄を、一義的に『借手』『貸手』の欄と解釈したのでは、説明が付かないからである。

結論を言えば、仕訳帳をはじめとする帳簿では、'社長の財布'から見て、

「借方」：入った'お金'　or　'お金'が出た'理由'を記入する欄
「貸方」：出た'お金'　or　'お金'が入った'理由'を記入する欄

と解釈すると分かり易い。

その理由は、「4.3.2 取引の二面性を利用した記録」で述べる。

3.2.4　貸借対照表と損益計算書の『つながり』

上で、貸借対照表と損益計算書の役目と内容について説明した。

以下では、会社の活動を'お金'の流れと'社長の財布'でたとえながら、貸借対照表と損益計算書の『つながり』について説明する。

① 資金調達
② 事業運営
③ 決算

①資金調達

会社の事業活動の第1幕も、冒険家の場合と同様、元手を集めるところから始まる。

創業者が自分で貯めたお金で間に合う場合もあるだろうが、ここでは、他の人からも資金を出して貰って会社を立ち上げ、自らが社長となる場合を想定する。

会社を立ち上げたばかりの'社長の財布'には、出資してもらった'お金'が入っている。

この状態の貸借対照表を絵にすると、次図の「①会社立ち上げ時」のようになる。

・「借方」の欄には、社長が集めた'お金'の合計が記載される。
・「貸方」の欄には、お金を出してくれた人と、金額が記録される。
このように、**貸借対照表**は、『**誰がどれだけ資金を出してくれたか**』と、'**社長の財布**'**の中身**とを表わす役割を果たしている。

まだ商売を始めていない段階なので、利益は出ておらず、損益計算書の出番はない。

なお、現在の「会社計算規則」（法務省令）では、会社設立時点で「開業貸借対照表」を作成して開示することが義務付けられている。

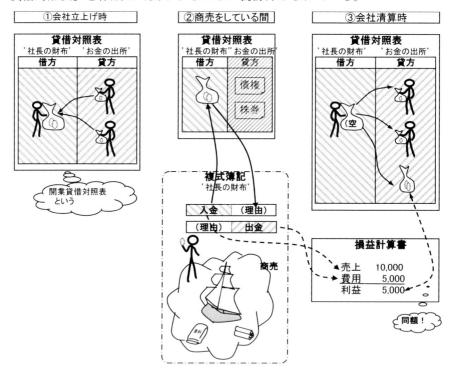

②事業運営（商売をしている間）

会社設立以降、社長は、集まった'お金'（元手）を使って事業を行う。

例えば問屋から商品を買い、利益を上乗せしてお客に販売する場合を考えてみる。買掛け・売掛けは行わないものとする。

第3章　'リンゴ'の皮

'社長の財布'に出入りする'お金'の金額は、帳簿に逐一記録しておく。これが簿記である。

①で大役を務めた貸借対照表は、ここでは脇役となる。「3.1.5 資金の運用」で説明したように、増資（追加の出資を受ける）あるいは借入／返済を行わなければ（元手が不変）、'社長の財布'から'お金'が出たり入ったりしても、'他人の財布'欄の出資額、融資額には変化がない。変化するのは利益（あるいは損失）のみであるため、社長の意識は損益計算に集中される。

創業時に借入をしていなければ、社長は、財布の中身が空にならない限り、貸借対照表のことは気にせず、利益獲得に邁進することが出来る。そして、この利益獲得活動のデータが決算時に整理・集計され、損益計算書となる。

＜回り道＞　『資金繰り』と'他人の財布'の内容の変化

上記例では、'他人の財布'（「貸方」）に関わる'お金'の出入りは『ない』と仮定した。
現実には借金の返済あるいは借り増しが発生し、'他人の財布'の「負債」の金額が変化することがある。また、買掛（信用取引）で商品を仕入れることにより、貸借対照表では「負債」が増えることもある。

このように貸借対照表の'他人の財布'欄が変化するのは、多くの場合、会社からの支払いに支障を来たさないように社長が工夫（財務活動）しているからである。『支払いに支障を来たす』とは、支払いのための現金がないことであり、最悪倒産に繋がりかねない。'社長の財布'の【現金】残高が底を付かないようにする活動を『資金繰り』といっている。

③**決算**

社長は、適切なタイミングで帳簿の締めを行い、どれだけ儲かったかを確認する。

通常は会社の決算時にこれを行うが、ここではインド香料事業の場合と同様、店じまい（清算）する場合を想定する。現実から少し離れるが、話を分かり易くするためなので、ご容赦願いたい。

書類は、貸借対照表と損益計算書の二つの書類を作成する。
損益計算書では、収入・費用を明示し、その差額として、利益が計算される。
　他方、貸借対照表については、'社長の財布'の'お金'は売却等によりすべて現金に換えたものと仮定して作成する。
　その現金の中から、借りたお金と、資本として出資してもらったお金を返済する。
　そして後に残ったお金が、利益である。
　この利益は誰のものかと云うと、資本としてお金を出資してくれた人のものである。
　社長には、何にも残らない？かわいそう！
とはならないことについては、既に述べた通りである。

　損益計算書の利益と貸借対照表の利益は、全く違った計算方法で求められるが、一致する。
　不思議？！ではない。その理由も、既に説明した通りである。
　これらの計算を正確に行えるようにしているしくみが、複式簿記である。

　現実の決算では、会社を清算することはなく、会計期間ごとに計算を行う。決算で利益が出れば、それを株主への配当、社長への賞与、会社の貯金として残すものなどに配分する。
　この配分案は社長が作成し、株主が承認して始めて実行できる。
　利益の配分案は、旧会計法では「利益処分計算書」と呼ばれていたが、法改正後は「株主資本等変動計算書」となった。（'勉強家'泣かせの名称である）
　利益処分により'社長の財布'から実際に'お金'が出て行って記帳されるのは新年度であり、データが反映された貸借対照表が作成されるのは新年度の決算のとき（1年先）である。当期の損益計算書には何ら影響を与えない。

　また現実の決算では、会計・簿記の帳簿は、新年度用に新品が用意され、そこに旧年度（当期）の残高が記録される。これを繰越処理という。

第4章 'リンゴ' の身

4.1 簿記の目的

簿記の目的を端的に云えば、
　　『'お金'の出入りとその'理由'を、分類し記録し集計すること』
である。
　既に述べた通り、会計とは、会社の重要な経営資源（人・もの・金・方法）である『金（かね）』について管理することである。
　会計の目的は二つあり、その一つは利害関係者に対する報告（財務会計）、もう一つは、自社を経営するためのデータの収集（管理会計）である。（更にもう一つ、税務会計があるが、ここでは省略）
　この目的を達成するためには、金の出入りを逐一分類し記録し集計することが必須である。
　逆の見方をすれば、金の出入に関するデータは、集計に適した分類方法に従って分類され記録されなければならない。
　そして、最終的には、決算書類、管理会計資料が作成される。

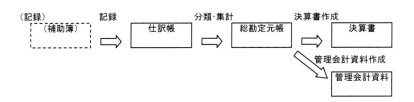

　会計の帳簿として表（おもて）舞台で活躍しているのは決算書であり、管理会計資料は陰に隠れた存在である。
　会社の社長から見れば、決算書は舞台の俳優であり、お化粧をした見栄えのよい書類である。

他方、管理会計資料は裏方であるが、これが会社の経営を支えている。

そこには各会社固有の情報、さらに機密・機微な情報が含まれている可能性もあり、公開されることは少ない。

そのため管理会計の簿記を一般論として紹介することは難しく、本書では、決算書作成に着目して説明する。

4.2 会計帳簿に記録するデータ
4.2.1 情報伝達の一般的要件

決算書の重要な役目は、先に述べた通り、利害関係者に会社の活動状況と結果を報告することである。

では、報告するデータには、どんな内容を含めるべきなのだろうか。
また、どのように整理すればよいのだろうか。
この約束事を決めたものが会計・簿記である。

先ず、『情報を伝達する』ことの、一般論について考えてみる。
ビジネスの世界では、情報を伝達する場合に念頭におくべきキーワードがある。
それは5W1Hであり、次の6つの英単語の頭文字と、その数を表している。

  Why
  Who
  What
  When
  Where
  How

日本語で言えば、次のようになるだろうか。
・誰が、何時、何処で、何をした？どんなやり方で？その理由は？
  （あるいは　何時、何処で、何が起きた、どんな結果になった、関係

者は？その原因・理由・訳は？）
そもそもは、ジャーナリストが記事を書くときの『イロハ』として教え込まれた標語だそうである。

4.2.2 簿記における５Ｗ１Ｈ

では、『5W1Hを会計・簿記の世界に当てはめる』と、どうなるだろう。整理してみると次のようになる。

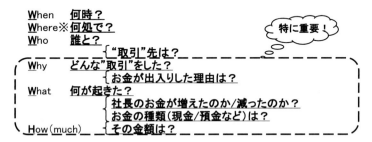

4.2.3 取引とは ― 現金出納帳の記入例

次に、会計帳簿の中では最も馴染み深い現金出納帳について、5W1H の情報がどのように記録されるのか、具体的にみて見よう。

現金出納帳

日付	摘要	借方	貸方	残高

現金出納帳には、入出金があるたびにその日付と情報を一行に記入する。

各行の「摘要」欄には現金が出入りする原因・理由・目的、『取引』相手等を記入し、『取引』の結果（入金か／出金か）は、「借方」欄・「貸方」欄のいずれかに金額を記入することによって示す。

会計・簿記では、**帳簿に記録された'お金'の出入りを 取引**と呼ぶ。

45

従って、現金出納帳では、各行が取引を表わす。
『ウチはあの会社と取引がある』という場合の『取引』とは、別物である。

　記入例として、『いつもニコニコ、現金払い』をモットーとしている商店が記入した現金出納帳を見てみよう。ここに5W1Hの要件がどのように記録されているか調べてみる。

日付	摘要	借方	貸方	残高
…	…	…	…	1020000
3/3	支払【仕入高】　　A社		50,000	9,700,000
3/3	入金【売上高】　　B社	1,000,000		1,970,000
3/3	3月分給与		150,000	1,820,000
3/3	3月分　外注費支払　　C社		200,000	1,500,000
3/3	30年度分　D社へ通信費		100,000	1,500,000

（現金出納帳）
What（お金の出入り）／When／Why（取引内容）／Who（取引先）／How much（金額）

- お金の種類は？
  → 「現金出納帳」への記入であるから、【現金】である。
- お金が出たのか／入ったのか？　その金額は？
  → 「借方」「貸方」欄で、入った／出たの区別と金額の記入が出来る。
  　家計簿、小遣い帳では、「入金」「出金」という分かり易い見出しが使われているが、事業用の現金出納帳では「借方」「貸方」という専門用語が使われる。
- 何時？
  → 「日付」欄に記入
- 誰と？
  → お金の遣り取りをした相手については、通常、「摘要」欄の右寄りに記入するのが慣わしになっているようである。
- お金が出入りした'理由'は？
  → これも「摘要」欄に記入するが、左寄せに記入するのが慣わし

のようである。

　以上のことから、『ニコニコ』社の現金出納帳には、出入りする現金についてその5W1Hが過不足なく記入されていることが分かった。

　しかし、である。
　「摘要」欄には取引内容、取引先等を記入すると説明をしたが、そもそもは、『要点をカイツマンデ記入する』欄である。『ニコニコ』社の例で説明した通り、『慣わし』としての記入方法はあるものの、会計・簿記のルールとして決められているわけではない。もし、『慣わし』の記入方法に従わず、取引内容、取引先を記入しなければ、5W1Hの要件は満たされないことになる。
　つまり、現金出納帳は、帳簿の記入様式としては『不十分』ということである。

　理屈を言えば現金出納帳は、取引の情報を伝達する様式としては『不十分』であるが、現金の出入り管理に限れば十分役に立つ帳簿であり、利用されている。このように、管理対象を一つ（現金出納帳の場合は現金）に絞った帳簿の方式を、「単式簿記」という。
　単式簿記は、記録される情報の妥当性、正確性が十分でない可能性があるため、公式に認められた簿記「正規の簿記」ではない。
　では、「正規の簿記」として認められるためには、どうしたらよいのであろうか。
　それは、現金出納帳の例で言えば、『慣わし』として「摘要」欄に記載される取引の‘理由'を、必ず記録するように決めることである。
　つまり、**『取引が発生した場合、‘お金'（種類、金額）の出入りWhatと、‘お金'が出入りした‘理由'Whyをペアにして記録する』**ことである。これを「複式簿記」と呼ぶ。
　また、このペアの情報を「取引の二面性」と呼んでいる。
　通常、会計・簿記の教科書では、取引の二面性を『取引の原因と結果』と説明しているが、本書では、‘勉強家'流として、『**‘お金'の出入りと、その‘理由'**』と呼ぶことにする。

<回り道> 『取引内容』を'理由'と呼ぶ理由

　『どんな取引が発生したか』（Why）を、漢字2文字以内で表そうと筆者は試みた。
　その候補の一つが『わけ（訳）』であった。
昔、学校で悪さをして先生に叱られたとき、『わけ（訳）を云え！』と怒鳴られた経験のある読者もいるのではなかろうか。
この『わけ（訳）』は、原因、理由、目的など、多くの意味を持つ。
柔らかい表現なので、読者の感覚で適宜解釈してもらえる**良さ**はあるが、逆に漠然とし過ぎているような気もする。
　そのため本書では、ベストではないが、原因、理由、目的を表わす言葉として**'理由'**を使うこととした。
英語のwhyと同様、色々な『何故』の要素を含んでいるという意味で、' '付きの'理由'とした。

4.3 複式簿記
4.3.1 複式簿記のルール

　上に述べたように、単式簿記の欠点を補うのが複式簿記であり、「正規の簿記」として認められている。
　むしろ、単に『簿記』といえば、複式簿記を指すことが常識になっている。
　では、複式簿記は何が優れているのか。
　その特徴は、取引を帳簿に記録する際に、次の三つのルールが義務付けられていることである。

---

a. 'お金'（種類、金額）の出入りと、出入りした'理由'をペアで記録すること　（「取引の二面性」という）

b. '理由'に対して、出入りした'お金'と同額の金額を割り付けること

c. 'お金'の種類と、'理由'は、予め定めた分類項目名（勘定科目名）で呼ぶ

ただし、取引には、a.で述べたケース以外に、'お金'同士、あるいは'理由'同士をペアにした取引がある。これを本書では**'取引(内部)'**と呼び、上記a.のケースを**'取引(外部)'**と呼ぶことにした。

上記ルールのa.として、何故'取引(外部)'のケースを採り上げたかと云えば、取引の基本が、社外との取引、即ち'取引(外部)'であるためである。他方、'取引(内部)'は、会社内で会計データを分類・整理・集計する際に発生する取引である。

'取引(外部)''取引(内部)'については、改めて「5.2.2 取引」で述べる。

＜回り道＞　「企業会計原則」

日本における会計・簿記の基本的な約束事を定めた『規則』である。太平洋戦争後の1949年、当時日本で行われていた会計業務の慣習的なルールを集大成したものである。

『実務』の内容・手順ではなく、『考え方』を示している。過去、日本の会計のバイブルとして教育的、指導的役割を果たしてきた。

その一般原則が、次の7か条にまとめられている。

一般原則
- 真実性の原則　―　粉飾決算をしない
- 正規の簿記の原則　―　網羅性、立証性、秩序性を持つ簿記を行う。
  即ち、複式簿記の採用
- 資本取引／損益取引区分の原則　―　利益と資本を区別、剰余金を区別
- 明瞭性の原則　―　決算書の表示内容と様式が分かり易いこと
- 継続性の原則　―　データ分類法、計算法をみだりに変えないこと
- 保守主義（安全性）の原則　―　企業存続を重視した決算(利益配分)
- 単一性の原則　―　データ源の実質一元化。形式は多元でよい

これら七原則は、会計・簿記のしくみ、手順全体に適用されなければならないが、社長の思いの込められた決算書の作成に当たっては、特に留意する必要がある。
　また、簿記については、複式簿記が基本に据えられ、財務諸表の表示内容、分類項目名（勘定科目）の明瞭性、継続性が求められている。
　世の変遷に伴い新しい会計基準も生まれており、「企業会計原則」の存在が目立たなくなっているが、その根幹の考え方は変わっていないようだ。

4.3.2 取引の二面性を利用した記録 ― 「仕訳」

　次に、先に挙げた現金出納帳を例にして、前記のa.のルール『'取引(外部)'の二面性』（'お金'（種類、金額）の出入りと、出入りした'理由'のペア）がどう当てはまるか、見てみよう。

現金出納帳

日付	摘要		借方	貸方	残高
…	…		…	…	1,020,000
3/3	支払【仕入高】	A社		50,000	970,000
3/3	入金【売上高】	B社	1,000,000		1,970,000

　この例における取引は、各行（1行分）のデータであり、次のように解釈できる。

　　2行目
　　　・出入りした'お金'（種類、金額）
　　　　　→【現金】であり、5万円が出て行った。
　　　　　　（「現金出納帳」であるから、"現金"である）
　　　・'お金'が出入した'理由'
　　　　　→【仕入高】であり、5万円だった。
　　　　　　（「摘要」欄に記載されている）
　　3行目
　　　・出入りした'お金'（種類、金額）:
　　　　　→【現金】であり、100万円が入ってきた
　　　　　　（「現金出納帳」であるから、"現金"である）

第4章 'リンゴ'の身

- 'お金'が出入した'理由'
  → 【売上】であり、100万円だった
  (「摘要」欄に記載されている)

このように、**一つの取引を'お金'の出入りと'理由'の二面に分けて分類し記録**する作業を「仕訳」といい、これを記録するための帳簿を「仕訳帳」と呼ぶ。

上記2行目、3行目の取引を仕訳帳に記入したものが、下図である。

仕訳帳

日付	借方科目	借方金額	貸方科目	貸方金額	摘要	
3/31	仕入	5万	現金	5万	支払【仕入高】	A社
3/31	現金	100万	売上	100万	入金【売上高】	B社

（'お金'の入り＝借方科目、'お金'の出＝貸方科目、出金の'理由'、入金の'理由'）

上に述べた仕訳の例は、社外との取引、即ち'取引(外部)'についてである。『実際に行われる仕訳』の種類としては、このほかに**お金'同士、'理由'同士がペアになった取引の仕訳**、即ち**'仕訳(内部)'**があり、「5.2 仕訳」で改めて説明する。

4.3.3 取引の二面性を表現する分類 ― 「勘定科目」

では、取引の二面性を表わす分類は、どんな根拠に基づいて行われているのだろうか。

世の中の『もの』と『こと』は全て、分類されているといって過言ではなかろう。

図書館の本 然り、動物園の動物 然り、スーパーマーケットの陳列商品 然り、会計・簿記においておやである。

会計・簿記の基盤は分類であり、**決算書の表示項目が最上位の分類項目**である。

ただ、決算書の表示項目は、会社で日常発生するお金の出入りを管理する

ための項目としては、『括り(くくり)』が大き過ぎる。

　仕訳に適した『細かさ』まで**細分化した分類項目**が、「**勘定科目**」である。（詳しくは、「5.1 勘定科目」で述べる）

　代表的な勘定科目は、法律で定められている。
　しかし、全ての会社に対して『一律の分類項目にしなさい』とは書いてない。
　お金の出入りの仕方が、会社の業種、規模によって様々だからである。
　『分類項目をどう決めるかは、社長の勝手』と云えなくもない。
　但し、世の中の常識に合わないような分類の仕方をすれば、折角決算書を作成しても社外の人に理解してもらえないことになり、経営上損をするだけである。
　また、勘定科目は、社内の'お金'、'理由'の取り扱いに関する最も重要な共通語(キーワード)である。簿記の主要な帳簿である総勘定元帳のページの標題でもあり、'お金'の出入り・'理由'を仕訳帳に記録する際の分類項目でもある。
　従って、その分類方法を決めるに際しては、次の二点を基本としなければならない。

> a. 分類は、利害関係者への報告、および社長の経営判断に役立つものでなければならない。従って、一般性がなければならない。（『標準語』を使う方が、得策である）
> b. また、分類項目が、コロコロ変わったのでは、時系列の比較・判断が難しくなり、継続的な経営の判断データになり得ない。一度決めた分類は将来にわたって継続的に踏襲して行く必要がある。これを「継続性の原則」という。
> 　もしコロコロ変えたら、税務署から「指導！」が与えられるだろう。むしろその前に、社内の簿記の業務が大混乱するだろう。

　この基本を前提にして、分類の考え方と分類項目は、会社の業種、規模、上場／非上場などの条件により多少の差はあるものの、デファクトスタンダ

ードが決まっている。（会社法、金融商品取引法）

4.3.4 'お金' と '理由' による分類

　上で述べたように、勘定科目は、決算書の表示項目が原点であるので、貸借対照表用の勘定科目と、損益計算書用の勘定科目の二つに大分類される。
　これが『会計・簿記の本流』の解釈であるが、別の切り口で分類することもできる。

　それは、「4.3.1 複式簿記のルール」の説明に用いた分類、即ち 出入りした'お金'の種類と、'お金'が出入りした'理由'との２種類に分類する方法である。いわば**'勉強家'流**の分類である．
　'お金'の種類を表わす勘定科目の具体例を上げれば、【現金】とか【受取手形】、中には【土地】【建物】のような大きなものもある。貸借対照表の「借方」（「資産」の部）に属する勘定科目である。
　他方、'**お金**'が出入りした'**理由**'には、【売上高】とか【仕入高】、あるいは【給与】【旅費交通費】などがあり、損益計算書用の勘定科目である。
　会計・簿記本流の解釈の仕方と異なるのは、貸借対照表の「負債・資本」の部の勘定科目についてである。詳細は、「5.1.3 勘定科目の'勉強家'流分類法」で説明する

4.3.5 勘定科目ごとの分類・集計 ― 「転記」

　上記の仕訳の後で行われる作業が、「転記」である。
　仕訳けられたペアのデータを'お金'あるいは'理由'ごとに分類し、記録し集計する。そのために用いられる帳簿を「総勘定元帳」と呼ぶ。
　総勘定元帳には、'お金'及び'理由'毎（勘定科目毎）に専用のページ（集計表）が準備されており、仕訳帳のデータを該当するページに転記する。
　転記を行う場合、次のルールを守らなければならない。
　・「借方」或いは「貸方」の、**分類項目(勘定科目)と金額を一組に**して転記
　・自分とペアになっている分類項目(勘定科目)を「相手勘定科目」欄に転記
このルールにより、簿記の正確性が保障されるのである。

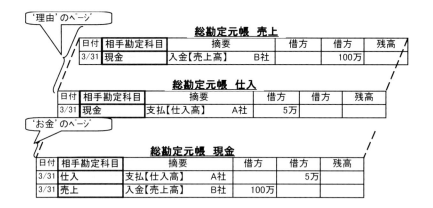

　そして最終的には、総勘定元帳のデータを基にして、決算書が作成される。その際、'理由'を記録する総勘定元帳（【売上】【仕入】など）の残高は、損益計算書の作成に使われ、利益は損益法によって計算される。

　他方、'お金'を記録する総勘定元帳（【現金】など）の各残高は、貸借対照表の作成に用いられ、『利益は財産法によって求められる』ーと云いたいところだが、実は、利益は上記の損益法によって求められた結果が記入される（振替えられる）。(5.1.3 (2) ＜回り道＞を参照)

　従って二つの利益は、必ず一致する。

　以上述べた仕訳のルール、転記のルールを守ることにより帳簿に記録・転記されるデータの正確性が保持され、確認を容易に行うことが出来る。

　複式簿記のこの正確性が、正規の簿記として認められている大きな要因であろう。

　また、データの転記、データの一致の確認は、コンピュータが最も得意とする機能であるため、会計・簿記の事務は古くからコンピュータ化されてきた。今では安価なパソコンはもとより、クラウドコンピューティングによる簿記（複式簿記）が広く利用されている。

第4章 'リンゴ' の身

4.4 決算書作成の手順

　簿記の総論の締め括りとして、お金の出入りから決算に至るまでの手順の概略を説明する。

　決算書作成は、次の手順で行われる。
　　①会計・簿記データの記録　—　仕訳帳
　　②仕訳されたデータの転記　—　総勘定元帳
　　③勘定科目ごとの集計　—　帳簿の締め切り
　　④各勘定科目の集計値を決算書として集計　—　試算表、精算表
前提として
　　a. 自社の勘定科目の選定
　　b. 仕訳帳、総勘定元帳、必要ならば、補助簿(この後説明する)の用意
が済んでいなければならない。

<回り道>　補助簿

　実際の簿記の作業では、上で挙げた①〜④の手順よりも上流の工程として、補助簿による詳細な情報の記録が行われる。

　補助簿とは、その名の通り、主要簿（仕訳帳、総勘定元帳、試算表）を補助する帳簿であり、例えば次のようなものがある。

補助簿名	内容
現金出納帳	現金の残高、現金の出し入れの内容
仕入帳	商品毎の仕入残高、仕入先名、仕入原価など
売上帳	商品毎の売上残高、得意先名、売上金額など
受取手形記入帳	受取手形の残高、手形番号、振出先名、受取先名など
支払手形記入帳	支払手形の残高、手形番号、振出先名、支払先名など
仕入先元帳	買掛金残高、仕入先名、商品名
得意先元帳	売掛金残高、得意先名、商品名

　各補助簿に詳細な内容を記録することにより、仕訳をし易くすると伴に、そのデータを管理会計に利用することが出来る。

4.4.1 仕訳帳への記録 ― '仕訳(外部)'

　会社で'お金'の出入りがあったとき、最初に行われる簿記の作業が、仕訳帳への記録である。

　仕訳帳への記録は簿記の出発点でありながら、日常見慣れない帳簿であるため、'勉強家'は、その理解にしばしばテコズッテしまう。

　ここでは先ず、**'勉強家'流の仕訳**について説明する。

　先の「4.3.2 取引の二面性を利用した記録」では、現金出納帳に記載された出金と入金の二つの取引を仕訳帳に記入した例(結果)を見てもらった。

　『仕訳された結果』を理解することは、難しくはなかったと思う。

　その二つの取引を、あらためて文章で書き表わせば、次のようになる。

a. 出金の例（2行目）
　　　『3月31日、A社より仕入を行い、代金を現金で5万円支払った』
b. 入金の例（3行目）
　　　『3月31日、B社より売上代金を、現金で100万円受け取った』

これを仕訳けるには、各『取引』から**複式簿記に必須のペア**、即ち

> a. 出入りした'お金'（種類、金額）
> b. 'お金'が出入りした'理由'

を抽出し、仕訳帳の一行に記録すればよい。

　しかし、'勉強家'が、文章で表現された取引と空白の仕訳帳を渡されて、『仕訳して下さい』と云われたら、有能な'勉強家'でも戸惑われるのではなかろうか。抽出したペアのデータ(勘定科目)を「借方」「貸方」の欄に振り分けることは、'勉強家'にとって簡単なことではないだろう。

仕訳帳

日付	借方科目	借方金額	貸方科目	貸方金額	摘要

第4章 'リンゴ'の身

そこで『'勉強家'流　仕訳け方』として考えたのが、'仕訳(外部)'である。即ち、

> 『取引(外部)で出入りする'お金'に着目して、これを「借方」「貸方」の該当する欄に記入し、残りの欄に'理由'を記入する方法』

である。

先の例では、'取引(外部)'の記入パターンとして、次の二通りを挙げた。

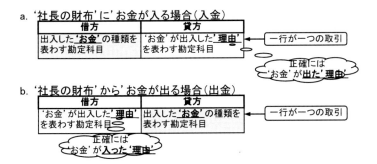

いずれのパターンも網掛けをした欄には、『出入りした'お金'の種類を表わす勘定科目』が記入されており、これが'仕訳(外部)'のキーになる。即ち、

> 『出入りした'お金'の勘定科目を、「借方」「貸方」のどちらの欄に記入するか』

を先ず判断するのである。

このとき、仕訳帳の「借方」「貸方」の意味は、「3.2.2（2）貸借対照表」で述べたのと同じ解釈をすると、分かり易い。
即ち、

> 「借方」欄：'社長の財布'である。
> 　　'お金'が'社長の財布'に入る場合に勘定科目を記入する欄
> 　　　（いわば入金の欄）

57

> 「貸方」欄：'他人の財布'である。
>   'お金'が'社長の財布'から出る場合に勘定科目を記入する欄
>   （いわば出金の欄）

こうして、出入りした'お金'の勘定科目の記入先を決めた後、'理由'を表わす勘定科目を反対側の欄に記入すれば、仕訳は完了である。

この解釈法で仕分けた結果は、次の通りであり、「4.3 複式簿記」で示したものと一致することが分かるだろう。

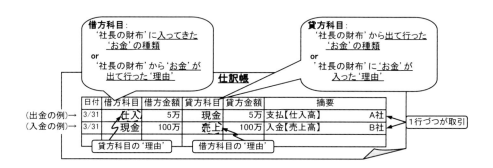

ただし、上記は'仕訳(外部)'の例であり、**実際の仕訳では、『「借方」「貸方」の両方とも 'お金'あるいは'理由'であるパターン』もある。** これについては、「5.2 仕訳(各論)」で述べる。

4.4.2 総勘定元帳への転記

仕訳帳に記録された内容は全て、総勘定元帳に転記される。

転記する目的は、仕訳された'お金'と'理由'を、勘定科目ごとに分類し記録し集計することである。

（1）総勘定元帳の集計表（勘定）

総勘定元帳とは、仕訳帳の各取引を勘定科目ごとにバラして、分類・記録し集計するための帳簿である。

第4章 'リンゴ' の身

　従って、総勘定元帳は、会社で使う全ての勘定科目ごとに集計表を用意する必要がある。
　この集計表を「勘定」と呼ぶ。記入頻度の高い勘定科目の勘定(集計表)は、複数ページにまたがることもある。
　総勘定元帳は、これら全ての勘定を束ねたものであり、新年度を迎える度に新品に置き換えられる。
　昔、筆者が目にした総勘定元帳は、黒色のハードカバーで金文字の表題の付いた、厚さ1センチ位のリッパな帳簿であり、存在感があった。この帳簿に活字のような几帳面な字で数字を書き込んでいる事務員さんが、えらく立派に見えた。昨今はコンピュータによる会計簿記が普及しているので、事務員さんが机の上に総勘定元帳を広げている姿は見られなくなった。

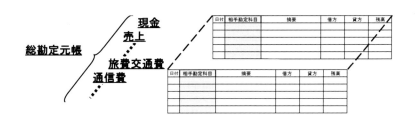

　総勘定元帳の集計表（勘定）の様式は、前出の現金出納帳に似ている。例えば、勘定科目【現金】の集計表（勘定）は、次の通りである。

総勘定元帳　現金

日付	相手勘定科目	摘要	借方	貸方	残高

　帳簿のページの様式は、現金出納帳とほぼ同じであるが、一つだけ異なる欄がある。
　「**相手勘定科目**」という欄であり、複式簿記の重要な特徴である。

　相手勘定科目とは、仕訳帳に記入された取引(一行分)の二つの勘定科目

59

（ペア）について、互いに相手を呼ぶ呼び方である。
即ち、
　　　　ー「借方」の勘定科目から見た相手勘定科目は、「貸方」に書かれた
　　　　　勘定科目
　　　　ー「貸方」の勘定科目から見た相手勘定科目は、「借方」の勘定科目
である。

　次に、仕訳帳から総勘定元帳への転記の仕方を説明しよう。
　仕訳帳の各行は「借方」「貸方」の、二つの勘定科目から構成されている。その各々の勘定科目について、総勘定元帳の該当するページ(集計表)を選択し、その金額、摘要の内容と供に、相手勘定科目名を記入する。
金額は、仕訳帳で金額が記入されていた欄(「借方」「貸方」のいずれか)と同じ名前の欄に記入し、その後で残高を計算し記入する。

　先の仕訳帳の例について転記をする場合、その手順は次のようになる。
(「借方」「貸方」いずれからでもよいが、ここでは「借方」からスタートすることにする。)
　①「借方科目」が【仕入】であるから、「総勘定元帳　仕入」を選択する
　②「借方金額」が5万円であるから、「総勘定元帳　仕入」の「借方金額」に5万円と転記し、「残高」を記入する
　③ また、相手科目（この場合は「貸方科目」）が現金であるから、「相手勘科目」欄に「現金」と転記する
次に貸方科目について同じ事を行う。
　④「貸方科目」が【現金】であるから、「総勘定元帳　現金」を選択する
　⑤「貸方金額」が5万円であるから、「総勘定元帳　現金」の「貸方金額」に5万円と転記し、「残高」を記入する
　⑥ また、相手科目（この場合は「借方科目」）が「仕入」であるから、「相手勘定科目」欄に「仕入」と転記する

第4章 'リンゴ'の身

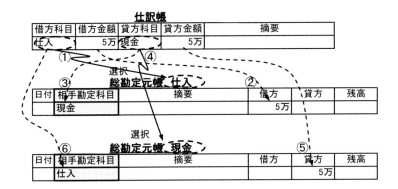

　一見、同じ内容を二つの帳簿に写していることになり、非効率に見えるが、これが簿記の正確性を保つ基盤になっている。

（２）総勘定元帳の「残高」

　先に、『総勘定元帳の集計表(勘定)の様式は現金出納帳に似ている』と述べた。
　実は、使い方(目的)も、似ている。
即ち、総勘定元帳とは、集計表(勘定)の標題である勘定科目（例えば【現金】）について、金額の出入りと残高を管理するための帳簿なのである。

　転記される勘定科目が'お金'の場合、総勘定元帳に記入される欄は、

　　　'お金'が入る場合は「借方」
　　　'お金'が出る場合は「貸方」

であり、「残高」欄には、「借方」の金額をプラス、「貸方」の金額をマイナスする。
　現金出納帳と同じである。

　ところが、**転記される勘定科目が'理由'の場合**は、総勘定元帳の**「残高」計算が逆になる**
　'仕訳(外部)'を思い出してみよう。
　'お金'が出入りする'理由'を仕訳帳の「借方」「貸方」に記入する場合、

61

　　　　　　出る'理由'は「借方」　　｝（'お金'の出入りとは逆）
　　　　　　入る'理由'は「貸方」

である。従って、総勘定元帳で「残高」を計算する場合、その勘定科目の残高を計算するには、

　　　　　出る'理由'の「残高」には、「借方」の金額をプラス
　　　　　入る'理由'の「残高」には、「貸方」の金額をプラス

する。

　このように、総勘定元帳で、理由'の金額を「残高」にプラスする際の「借方」「貸方」の欄は、出入りする'お金'の場合と逆になる。

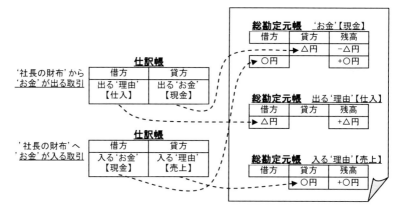

この『ねじれ』現象については、「5.2.5 帳簿の「借方」「貸方」」で解説する。

4.4.3 決算

（1）試算表、精算表の作成

　期が終わると、総勘定元帳の各勘定科目の「残高」（最終行）を確認する。これらの残高を使って決算書を作成する訳であるが、その第一歩として全勘定科目の「借方」「貸方」「残高」について整理・確認・調整が行なわれる。このために作成されるのが、試算表と精算表である。

　最初に行うのが試算表の作成であり、総勘定元帳の各勘定科目の最終残高を、そのまま試算表の「借方」「貸方」欄に記入する。

第4章 'リンゴ'の身

　総ての勘定科目の転記が済んだ後、試算表の「借方」「貸方」欄をそれぞれ合計する。
　二つの合計値は等しくなる(筈である)。
　そうなることが、『当期の簿記の記録、転記、計算がすべて正確に行われた』ことの証明であり、これこそが複式簿記の特長である。

試算表

借方	勘定科目	貸方
135万	現金	
	〜	
	資本金	50万
	売上	100万
5万	仕入	
10万	雑費	
150万	(合計)	150万

　次に、試算表の結果を、損益計算書、貸借対照表のそれぞれに記載すべき勘定科目(≒表示科目)に分類し集計する。これが精算表である。
　そのため、まず、試算表のデータを精算表の「合計試算表」欄に転記する。その後で、損益計算書、貸借対照表のそれぞれに該当する勘定科目を選択し、その金額を転記して「借方」「貸方」を合計する。
　社長をはじめ利害関係者の最大の関心事である「当期純利益」は、この分類結果の『差額』として求められる。

精算表

勘定科目	合計試算表 借方	合計試算表 貸方	損益計算書 借方	損益計算書 貸方	貸借対照表 借方	貸借対照表 貸方
現金	135万				135万	
～						
資本金		50万				50万
～						
売上		100万		100万		
仕入	5万		5万			
雑費	10万		10万			
（当期純利益）			85万			85万
（合計）	150万	150万	100万	100万	135万	135万

　当期の簿記作業が総て正しく行われていれば、理屈上は、この後直ぐ決算書作成に取り掛かることが出来る。

　しかし、精算書を作成することにより、異常な値を示す勘定科目あるいは調整したい勘定科目が見つかる場合がある。

　その場合には、該当する取引にさかのぼって変更あるいは修正しなければならない。

　取引を変更あるいは修正するということは、該当する勘定科目、金額を変更することであり、勘定科目、金額の変更は、振替伝票を使用して行なう。（振替仕訳については、「5.2.4 振替仕訳」を参照）

　また、取引を変更あるいは修正した場合、その結果は試算表にも反映させる。これで、決算書作成のためのデータの準備は終わりである。

　但し実務上は、まだ道半ばである。総勘定元帳の締め、【損益】勘定の整理、繰り越し処理など大変な作業が残っているが、これも専門家にお任せしよう。

（2）決算書の作成

　決算書（損益計算書、貸借対照表）は、精算表のデータを元に作成する。貸借対照表は『会社の財産の状態』を表わし、損益計算書は『会社の利益が得られた理由』を表わすものであることは、既に述べた通りである。

第4章 'リンゴ'の身

貸借対照表

資産　　　　　　　　負債
　流動資産　　　　　　流動負債
　固定資産　　　　　　固定負債
　　有形固定資産　純資産
　　無形固定資産　　　株主資本
　繰延資産

損益計算書

売上高
売上原価
販売費および一般管理費
　営業利益
営業外収益
　営業外収益合計
営業外費用
　営業外費用合計
　　経常利益
特別利益
特別損失
　　税引前当期利益

第5章 'リンゴ'の芯 〈各論〉

第4章では、複式簿記の全体について、概略を説明した。
以下では、'勉強家'が複式簿記を学習する場合、往々にして障壁となる、次の項目について少し詳しく説明する。

  a. 勘定科目
  b. 仕訳
  c. 減価償却
  d. 原価計算

原価計算、特に製造原価計算は、'勉強家'にとっては詳し過ぎるかもしれないが、ものづくりに携わる'勉強家'であれば、参考になるだろう。

5.1 勘定科目
5.1.1 決算書の表示内容

 決算書に書くべきことは何か。
 それは、利害関係者が知りたい情報を系統立てて表示することである。
 『利害関係者は何が知りたいか』を日常語で表現すれば、次のようになるだろう。

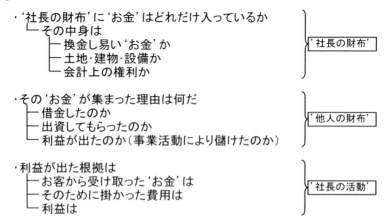

第5章 'リンゴ'の芯 <各論>

　これを表にしたものが、貸借対照表と損益計算書であり、各書類に記載すべき分類項目名は次の通りである。

　分類項目名の大分類を「部」、中分類を「区分」と呼んでいる。（法務省令「会社計算規則」）

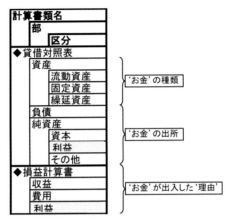

5.1.2 詳細な分類項目 ― 勘定科目

　日々発生する'お金'の出入りは、多くの細かい情報を伴っている。

　それらの細かい情報を管理し経営に役立てるためには、上記項目では粗過ぎる。

　もう一段詳細かな分類項目が必要であり、その分類全体を、勘定科目という。勘定科目を使用するのは、仕訳帳、総勘定元帳を始めとする簿記の帳簿であり、データを分類・記録・整理・計算するために用いられる。

　他方、決算書で使われる分類項目名は、表示用の項目名（表示科目）であり、名称としては勘定科目の名称と一致するものが多いが、別ものである。

　勘定科目は、日常の簿記の作業において主役であるが、決算書作成においては、その金額の根拠を支える黒子である。（詳細は、以下で述べる）

　決算書の表示科目と、勘定科目の対応関係を表にしたものが、次に示す分類表である。

　分類項目の第4層(表示科目)には、該当する、代表的な勘定科目名を記入してある。

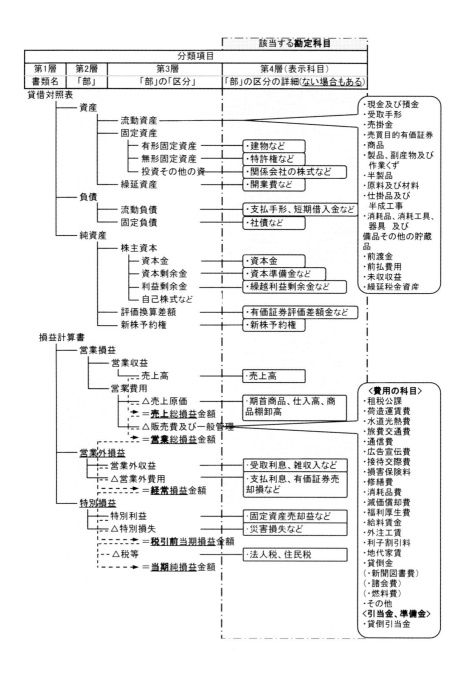

第5章 'リンゴ'の芯 <各論>

<回り道> 「勘定」の定義と、「勘定」の種類

　上では、『細かい分類が「勘定科目」である』と述べたが、そもそも「勘定」って何なのか。
　教科書では『会計・簿記における勘定とは、集計表である』と定義されており、具体的には次の5種類の勘定があるとされている。

勘定を利用する決算書	勘定	勘定科目
貸借対照表	資産	【現金】など
	負債	【支払手形】など
	純資産	【資本金】など
損益計算書	収益	【売上金】など
	費用	【仕入高】など

　しかし、この5種類の勘定（例えば資産勘定）は、その名前の付いた『固有の集計表』がある訳ではない。**単なる（しかし重要な）分類名**なのである。
　集計表が実在するのは「総勘定元帳」という帳簿であり、上記の5種類の勘定はその帳簿の『章立て』（大分類）である。そして各章の下位に、勘定科目名〇〇の集計表『総勘定元帳_〇〇』が用意されている。
　つまり、上記の5種類の勘定とは、『勘定科目の大分類名』（以下「」付の「勘定」という）であり、この大分類「勘定」の下位に、複数の勘定科目（集計表付き）が配置されることになる。

　これを踏まえて前出の分類表を見てみると、貸借対照表の第2層（大分類）には、「資産」「負債」「純資産」という「勘定」名(大分類名)がそのまま「部」名として表示されている。
　ところが、損益計算書の第2層には「収益」「費用」という「勘定」名は現われず、「営業損益」「営業外損益」「特別損益」という別の分類名（？）が出てくる。これも、勘定科目をややこしくしている原因の一つであろう。
　「収益」「費用」という「勘定」に属する勘定科目は、「営業損益」「営業外損益」「特別損益」を計算するために使われる。その意味では、「営業損益」「営業外損益」「特別損益」は、計算結果を表わす表示項目と解釈するのが

妥当であろう。

　「勘定」には５分類があると述べたが、「例外のないルールはない」の諺通り、特別な「勘定」がある。
　『吾輩は「勘定」である。名前はまだない』、強いて言えば「その他　勘定」である。その代表的なものが、【損益】と呼ばれる勘定である。
　損益勘定は集計表を実体として持っているため、上に述べた「勘定」ではない。これは、決算時に特別に必要となる勘定であり、損益計算書の「当期純利益」を計算するための集計表である。
　【損益】勘定以外にも「その他　勘定」はあるが、詳細は専門家にお任せしよう。

＜寄り道＞　「勘定」、「科目」、「勘定科目」

　「勘定科目」は、上の述べたように、お金に関する集計表の分類名である。ヤサシク言えば『**集計表＿名**』であるが、「勘定科目」は、'勉強家'にとって会計・簿記の『見えない障壁』のような存在ではなかろうか。
　「勘定」という言葉自体が古めかしい。また、おいしい料理を食べた後で『お勘定！』と聞くと折角の幸せな気分が雲散霧消してしまい、また、『勘定高い奴だ』などと云われれば不愉快になる。
　さらに、「科目」という言葉と組み合わさると、行く手を阻まれたような気持ちになる。科目という言葉が、昔悩まされた受験科目、期末試験科目などを思い起こさせるからだろうか。
　とにかく、会計・簿記の学習をスタートして「勘定科目」という言葉が出てくると、目の前に立ちふさがる感じがする。
　加えて専門書を読むと「勘定」「科目」という用語が奔放（？）に使われていて、'勉強家'にとっては、甚だ悩ましい。
　この際、このモヤモヤを払拭しておこう。
　そもそも勘定は、上に述べた定義（？）によれば集計表であるから、『○○勘定』といえば、『○○と云う表題（分類名）の付いた集計表』である。そ

第5章 'リンゴ'の芯 <各論>

してこの分類名が「科目」であり、集計表の標題（集計表＿名）が「勘定科目」と呼ばれる。
　従って、『〇〇勘定』『〇〇科目』『〇〇勘定科目』とも、同じ集計表を指すと考えられる。呼び方の選択は、人により、場合によって異なるだろう。

　但し、前に述べた5分類の「勘定」については、例外である。
　これらは大分類名である。その下位に色々な「勘定科目」が配置されている。

ということで、ビギナーとしては、
　　・「勘定」「科目」は「勘定科目"と同義語である
　　・「勘定科目」とは、お金を管理するための『集計表＿名』である
と割り切っていいだろう。
　勘定科目の種類は沢山あり、業種特有のものがあるなど、実際に活用するのは大変であるが、困ったら専門家にお任せすればよい。

<寄り道>　「表示科目」

　損益計算書、貸借対照表において、勘定科目とほぼ同じ分類項目名が表示される場合がある（区分の最下層）が、勘定科目とは別ものであり、「表示科目」という。
　「表示科目」には、集計表が付属していない。
　表示専用の分類項目名であり、勘定科目名を分かり易い名前に呼び替えたとか、複数の勘定科目をまとめて代表の呼び名をつけた場合の名称である。

5.1.3　勘定科目の'勉強家'流分類法
　前出の勘定科目の分類は、決算書を起点として詳細化したものであるが、別な視点から分類することが出来る。
　その分類は、複式簿記の基本として説明した『取引の二面性』に対応するものである。即ち、

(1) 出入りした'お金'の種類を表わす勘定科目
(2) 'お金'が出入りした'理由'を表わす勘定科目

　この分類は、'勉強家'が取引を仕訳帳に記録する際、非常に役に立つ。特に、'お金'の種類を表わす勘定科目は、それを「借方」「貸方」のいずれの欄に記入すべきかを判断するためのキーワードになる。（後で詳しく述べる）

（１）出入りした'お金'の種類を表わす勘定科目
　'お金'の種類を表わす勘定科目は、貸借対照表の「資産」の部に属する。

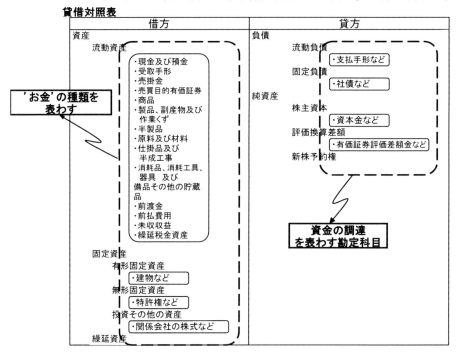

具体的には、
　　（イ）お馴染みの【現金】【預金】【商品】【原料】など（流動資産）
　　（ロ）【土地】【建物】など　　　　　　　　　　　　　（固定資産）
　　（ハ）日常的には馴染みの薄い【開業費】など　　　　　（繰延資産）

第5章 'リンゴ'の芯　＜各論＞

がある。

（２）'お金'が出入りした'理由'を表わす勘定科目

　他方、'お金'が出入りした'理由'を示す勘定科目は、仕訳帳に取引を記入する際、上記（１）で述べた'お金'の種類とペアで使用される。即ち、'お金'の相手勘定科目となる。
　'理由'を表わす勘定科目は、その性質により、さらに次の３種類に分類される。

　　（イ）　**資金を調達**したことを表わす勘定科目
　　（ロ）　**'お金'を稼いだ**こと(収入)を表わす勘定科目
　　（ハ）　**'お金'を使った**こと(費用)を表わす勘定科目

　資金調達に関する(イ)の勘定科目は、貸借対照表の「負債」「純資産」の部で参照され、(ロ)の収入と(ハ)の費用に関する勘定科目は、損益計算書で参照される。
以下、(イ)(ロ)(ハ)について説明する。

（イ）資金調達を表わす勘定科目

　資金の調達とは、'社長の財布'に'お金'を供給したことを表わす。
該当する勘定科目は、貸借対照表「貸方」の「負債」「資本」の部で参照され、次の二つの'理由'が読み取れる。

　　　・借金をした
　　　・出資して貰った

　この二つの分類に、具体的にはどのような勘定科目が含まれるかといえば、
　　・『借金をした』という'理由'を表わす勘定科目には、例えば、
　　　　－「流動負債」の区分に該当する【支払手形】など
　　　　－「固定負債」の区分に該当する【社債】など
　　・『出資して貰った』という'理由'を表わす勘定科目には、
　　　　－「株主資本」の区分に該当する【資本金】【繰越利益剰余金】
などがある。
　損益計算書に表示される「当期純利益」は、貸借対照表では【繰越利益剰

73

余金】に含まれる。

　『利益が出資者のものである』という解釈は、社長を始め従業員には違和感があるかも知れない。

　利益は全社員が額に汗して稼いだものであり、むしろ、出資者に上納しているものと思いたいところだろうが、利益は出た瞬間から出資者のものである。株式会社というしくみでは、こうなっているのである。

＜回り道＞　貸借対照表の利益と損益計算書の利益

　利害関係者の最大の関心事である利益は、損益計算書の「当期純利益」という区分に表示される。

　他方、貸借対照表の「純資産」の部にも、同額の利益が計上されるが、「当期純利益」という表示ではなく、「利益剰余金」に含められる。
先に、損益計算書で求めた利益と、貸借対照表の利益は同額になると説明した。

　理論上はその通りであるが、貸借対照表での利益は【繰越利益剰余金】として計上される。「株主資本」の区分「利益剰余金」に属する勘定科目である。

　つまり、「当期純利益」はこの【繰越利益剰余金】に含まれ、「利益剰余金」として表示されるのである。

　また、損益計算書の「当期純利益」がそのまま【繰越利益剰余金】になるわけではない。当期末の【繰越利益剰余金】残高に当期の【当期純利益】を加えたものである。

　利益処分案では、この【繰越利益剰余金】と当期末の【利益準備金】【任意積立金】との合計額が再配分されて、次期【繰越利益剰余金】が決められる。
次期【繰越利益剰余金】には、配当、役員賞与の未払い分が含まれるが、実際に支払われるのは、株主総会で利益処分案が承認された後である。

　利益は会社が稼ぎ出したものであるが、社長が自由に使ってよい訳ではない。

第5章 'リンゴ' の芯 <各論>

　出資者への配当金をはじめとする利益配分案「利益処分計算書」は取締役会が策定するが、出資者が承認しなければ、社長は利益を使えないのである。

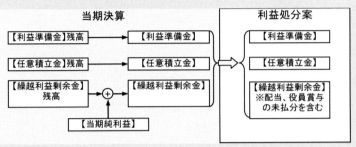

　(旧)会社法では、[当期未処分利益]が貸借対照表の表示区分として定義されていたが、新法では「繰越利益剰余金」となった。
　また、上に述べた「利益処分計算書」は(旧)会社法の文書名であり、新しい会社法では「株主資本等変動計算書」という。いずれも'勉強家'には分かり難くなってしまった。
　経済活動が複雑化し、金融が絶大な力を持ってきた現在、会計・簿記も勘定科目も変化しているのである。

<寄り道>　悲しい増資

　「負債」の部の勘定科目に計上される金額は、少ないに越したことはない。負債があれば、【支払利息】という'理由'で'社長の財布'から'お金'が出て行き(資産が減少)、結果として利益を減らすからである。
　現実には、社長の頭を常に悩ませる、大きな要因であろう。
　他方、資本金は、会社設立時には、事業の理念に次いで、2番目くらいに重要であるが、一旦会社が動き出すと、あまり話題に上らなくなる。
　会社が新しい事業を開始するため資金が欲しいということで増資が検討されるのは望ましいが、借金を追加するため資本金を積み増さなければならないなどという悲しい話も世の中にはあるようだ。

(ロ)収入を表わす勘定科目

　他方、'お金'を稼いだことを示す勘定科目は何か。筆頭は、損益計算書の「収益」の部に属する【売上高】である。先に述べた利益の、最も重要な源泉である。

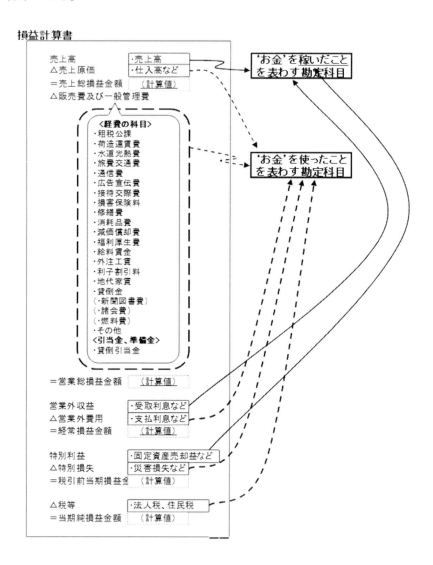

第5章 'リンゴ'の芯　<各論>

　　また、営業以外の活動で日常的に'お金'が入ってくる場合があり、「営業外収益」と呼ばれている。
　　その例としては、金融機関から受け取る【受取利息】などがある。
　　更に、計上される頻度が低い区分としては、「特別利益」がある。
　　株券などの有価証券を売却したことにより得た利益【投資有価証券売却益】、固定資産の売却益【固定資産売却益】などの勘定科目があるが、詳細は専門家にお任せしよう。

＜道草＞　営業活動以外で儲ける

金融取引とか、博打である。
　数十年前、「高度成長期」といわれた『金あまり』の時代、社長が株取引で失敗して、儲けるどころか大損をしたという話がニュースになったこともあった。
　もっと悪いのは、カジノでお金を使ってしまったという例がある。
　社員が一生懸命働いて得たお金を、こんなことで浪費するとはもってのほかである。
　本業に知恵を絞るべきである。

(ハ)費用を表わす勘定科目
　'社長の財布'から出てゆく'お金'の勘定科目である。
その多くは、損益計算書の「販売費および一般管理費」の区分に属し、費用とか経費と呼ばれており、日頃よく目にするであろう。

　「販売費および一般管理費」の区分を更に細分化すれば、文字通り、販売費と一般管理費に分けられる。
　・販売費：　会社の営業活動に直接使われた費用を指す。
　　　　　　　これに属する勘定科目には、次のようなものがある。
　　　　　　　　【旅費交通費】【公告宣伝費】【荷造運送費】など
　・一般管理費：本社費用、営業を支援する活動に費やされる費用を指す。
　　　　　　　これに属する勘定科目には、次のようなものがある。

77

　　　　　　【給与】【地代家賃】【事務用消耗品費】【通信費】など
　「販売費および一般管理費」以外で、費用となる勘定科目には、次のようなものがある。
　　　・「営業外費用」の【支払利息】など
　　　・「特別損失」の【災害損失】など
　「営業外費用」は、営業活動以外で日常的に出てゆく'お金'であり、先に述べた「営業外利益」と対になる区分名である。
　「営業外利益」はお金が入るのに対し、こちらはお金が出てゆく。

　「特別損失」は、通常の活動では計上される頻度が低い区分である。例えば、天災・火災・事故などで発生した損害、盗難、固定資産の売却損などがある。
　これは、先に述べた「特別利益」と対になる区分名であり、「特別利益」はお金が入るのに対し、こちらはお金が出てゆく。

＜寄り道＞　「名目科目」

　貸借対照表の「資産」に該当するものは、現金であったり、預金通帳であったり、あるいは権利書、契約書などである。
　実在するもの・目に見えるものである。そのため、資産をあらわす勘定科目は、「実在科目」と呼ばれることもある。
　実在科目に相対するものとして、「名目科目」がある。
　会計・簿記の教科書では、貸借対照表に属する勘定科目は実在科目、損益計算書で使われるのが名目科目とされている。
　この分類法によれば、貸借対照表の**「負債・純資産」で参照される勘定科目**は実在科目に分類されるが、本書では、むしろ、「資産」が調達できた原因・理由・目的、即ち、**'お金'が出入りした'理由'**の一つ(名目科目)と考えた。
　何故なら、貸借対照表のしくみを説明する上で、「借方」を'社長の財布'、その中身を'お金'、そしてその出入りの'理由'を示すのが「貸方」と例えるのが、'勉強家'にとって分かり易いと考えたからである。

＜寄り道＞　【損益】勘定科目

　以上、勘定科目の性質について述べてきたが、主として会社の営業活動、投資活動に関わる、『普通の』勘定科目について考えてきた。
　会計・簿記の実務上は、これらの勘定科目以外に『普通でない』勘定科目がある。例えば、決算書を作成するためだけに必要な勘定科目がある。
　その代表格が、先に述べた【損益】という勘定科目である。

　これは、損益計算書の【当期純利益】を計算するための集計表である。従って、【損益】勘定と呼ぶことが出来る。
'勉強家'流に解釈すると、'お金'が入った'理由'を表わす勘定科目(【売上】等)の期末「残高」を【損益】勘定の「貸方」に記入(振替)し、'お金が出た'理由'を表わす勘定科目(【仕入】等)の「残高」を【損益】勘定の「借方」に記入(振替)することにより、利益（【損益】の残高）を計算するものである。(残高がマイナスなら損失)

総勘定元帳　損益

日付	相手勘定科目	摘要	借方	貸方	残高
	仕入		5万		-5万
	売上			100万円	95万

　この結果は、損益計算書の「当期純利益」として表示され、次のステップで貸借対照表の勘定科目【繰越利益剰余金】に振替えられる。(振替仕訳については「5.2.4 '仕訳(内部)'」を参照)
振替仕訳の結果として、【損益】勘定は締めが行われ、「残高」はゼロとなる。

振替伝票

借方科目	借方金額	貸方科目	貸方金額	摘要
損益	95万	繰越利益剰余金	95万	

総勘定元帳 損益

日付	相手勘定科目	摘要	借方	貸方	残高
	仕入		5万		-5万
	売上			100万	95万
	繰越利益剰余金	期末締めの振替	95万		0万

最後の行は、上記の振替仕訳により、【損益】を【繰越利益剰余金】に振替えた結果（締め）を示す

　'勉強家'にとっては細かすぎる話ではあるが、『損益計算書と貸借対照表が、簿記としてどのように繋がっているのか』という疑問を解消するために役立つと思い、解説した。

5.2 仕訳
5.2.1 『教科書』流の仕訳
　「仕訳」について教科書でよく見かける説明のパターンは、次の通りである。（実際にはもっと丁寧）

仕訳とは、取引を勘定科目で表現し分類して、「借方」「貸方」に振り分けること

	「借方」	「貸方」
仕訳		

振り分けは、仕訳の基本原則に従って、勘定科目の分類と、金額の増減に応じて行なう。

仕訳の基本原則

分類[夢]	借方	貸方
資産	増加	減少
負債	減少	増加
純資産	減少	増加
収益		発生
費用	発生	

<例>
　△△を現金で買った

	「借方」	「貸方」
仕訳	△△　nnn	現金　nnn

　'勉強家'は例題に倣って仕訳を行うことが出来るかもしれない。しかし、

通常は該当する勘定科目が特定できれば上出来であり、それらを「借方」「貸方」に振り分けるのは難しいのではなかろうか。

サイコロを振れば確率50%で正解できるが、根拠が明確でなければ『仕訳ができた』とはいえない。

仕訳の難しさの原因は、次の二つではなかろうか。
  a. 簿記における取引とは何であるかが不明確
  b. 仕訳帳の「借方」「貸方」の意味が不明確、

取引については、「4.2.3 取引とは」で説明したが、実際の簿記の取引をすべて網羅した訳ではない。

また、「借方」「貸方」についても「3.2.3 理解しにくい「借方」「貸方」」で説明した内容だけでは不十分(申し訳ない!)であり、世の教科書によっては説明に窮して「借方」「貸方」を『左』『右』と呼ぶこともある。実は、**貸借対照表の「借方」「貸方」**と、**仕訳帳、総勘定元帳の「借方」「貸方」は、名前は同じでも性格が全く違う**。にもかかわらず同じ呼び名としているため無理が生じ、意味を持たない『右』『左』と呼ばざるを得ないのだろうと、筆者は想像する。

そこで、以下では、a. b.の問題について整理してみたいと思う。

5.2.2 取引 ― '取引(外部)' と '取引(内部)'

まずa. の**取引**であるが、教科書では、例えば
  『取引とは、帳簿に記入する金額の移動』
  『取引とは、企業の財産および資本に変動を与える事象』
  『取引とは、企業の所有する財産や資本が増加または減少することになる場合』

と説明されている。これも'勉強家'には難解であろう。

『勘定科目間で金額の移動があった場合』であることは確かであるが、まだ漠然としている。

そこで筆者は、勘定科目を'お金'と'理由'の2種類に分け、その組み合わせ(3通り)の中で金額の移動があった場合を取引と考えた。

更に、その'お金'と'理由'の組み合わせにより、次の2種類の取引

を想定した。

　　　取引(外部)：　　'お金'と'理由'の組み合わせ
　　　取引(内部)：　　'お金'同士の組み合わせ、あるいは
　　　　　　　　　　　　'理由'同士の組み合わせ

である。

　そもそも会計・簿記の目的は、会社の利益がどれだけ出ているかを確認することである。

　従って、簿記で何をおいても記録されなければならないのは、社外との'お金'の遣り取りであり、'社長の財布'から'お金'が出たり入ったりした'理由'と金額である。

　即ち、この取引は'社長の財布'の'お金'が**外部（社外）**と遣り取りされた場合の記録であるため、**取引(外部)**と名付けた。

　これに対して、'お金'同士、あるいは'理由'同士の取引は、会社内の'お金'を管理するため、例えば決算処理をするための取引であり、**社内の都合**で行う取引という意味で、**取引(内部)**と呼ぶことにした。

　見方を変えれば、'取引(外部)'の多くは利益に直結する取引であり、『主たる取引』と云えるだろう。これに対して'取引(内部)'は、帳簿に記録されたデータの分類・整理・計算を補助するものであり、『従の取引』である。

　'取引(外部)'については、
　　　・仕訳の手順
　　　・「借方」「貸方」の解釈法
をそれぞれ、4.3.1、4.4.1 で説明した。しかしその根拠については触れなかった。

　以下、その証明を行なう。

　その後で、'取引(内部)'の仕訳について、「借方」「貸方」の解釈法を含めて解説しよう。教科書では、この**'取引(内部)'**に関わる仕訳を、「**振替仕訳**」あるいは単に「**振替**」と呼んでいる。

5.2.3 '仕訳(外部)' の証明 ― 『主たる取引』の仕訳

（1）実験1 ― 現金出納帳による '仕訳(外部)'

「仕訳」という機能に限れば、仕訳帳を使わなくても仕訳ができることを、先ず理解してもらおう。

その方法は、ザックリ云えば、

　　『現金出納帳の「借方」あるいは「貸方」の金額欄の空きスペースを利用する』方法

である。

そこで、再び、現金出納帳の記入例に登場してもらう。

現金出納帳

日付	摘要		借方	貸方	残高
3/31	支払【仕入】	A社		50,000	970,000
3/31	入金【売上】	B社	1,000,000		1,970,000

家計簿、小遣い帳では [入金][出金]

空欄

この帳簿に、複式簿記の仕訳帳で必須とされる情報、即ち、

　－ 出入りする 'お金' の種類とその金額
　－ 'お金' が出入りした '理由' とその金額

を記入してみよう。

その手順は、次の通りである。

　①出入りした 'お金' が、【現金】であることを追記する
　　（何故なら、現金出納帳で扱う 'お金' は現金だから－）
　②'お金' が出入りする '理由' を、同じ行の空欄に記入する

これで、機能としての仕訳は、完了である。（様式は不十分）

以下、手順に従って、実際に記入してみよう。

　①先ず、現金出納帳の第1行目を見ると、「貸方」の金額欄に 50,000 とある。
　　この帳簿は現金出納帳であるから、出入りした 'お金' は【現金】であるので、金額 50,000 の前に勘定科目【現金】と追記する。

現金出納帳

日付	摘要		借方	貸方	残高
3/31	支払【仕入】	A社		【現金】 50,000	970,000
3/31	入金【売上】	B社	【現金】1,000,000		1,970,000

同様に、2行目をみると、「借方」欄に金額 1,000,000 をあるので、その前に【現金】と追記する。

②次に、1行目の'お金'の出入りの'理由'について見てみると、「摘要」欄に支払【仕入】と書かれている。
また、1行目の「借方」欄が空欄になっていることが分かる。
そこで、お金の出入りの'理由'である【仕入】という勘定科目名と金額を、空欄になっている「借方」欄に記入する。

同様に、2行目の入金【売上】については、空欄になっている「貸方」の欄に、【売上】という勘定科目名と金額を記入する。
以上で完了である。

現金出納帳

日付	摘要		借方	借方	残高
3/31	支払(仕入)	A社		【現金】 50,000	970,000
3/31	入金(売上)	B社	【現金】1,000,000		1,970,000

【仕入】 50,000   【売上】 1,000,000

(2) 実験2 ― 仕訳帳の原型の作成

次に、様式も整えてみる。
「残高」欄を削除し、その後に、[摘要]欄を移動すればよい。

第5章 'リンゴ' の芯　<各論>

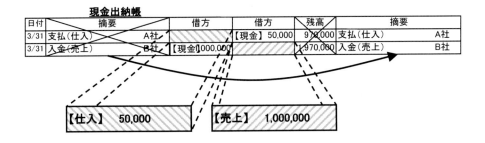

以上の結果を整理すると、次のような表が出来上がる。
これが、複式簿記で取引の記録に利用される帳簿『**仕訳帳の原型**』である。

複式簿記　仕訳帳の原型

日付	借方		貸方		摘要	
3/31	【仕入】	50,000	現金	50,000	支払【仕入】	A社
3/31	現金	1,000,000	【売上】	1,000,000	入金【売上】	B社

'お金' が出る例
'お金' が入る例

取引の記録に不可欠な情報、即ち

　　　a. **どんな種類の 'お金' がいくら、出し入れされたか**
　　　b. **その '理由' と金額**（'お金' の金額と同額）

が全て組み込まれた仕訳帳が、現金出納帳を変形して容易に作成できること分かる。

(3) 実験から得られた結論

『現金出納帳を変形して仕訳帳を作る実験』により、次の三つのことが分かった。

> a. 仕訳帳へ記録する情報は、現金出納帳の情報と変わりない。
> b. 現金の出入りの記録は、現金出納帳の入出金の記録と同じ。
> 　　（入金の場合は「借方」欄、出金は「貸方」欄）
> 　　但し、勘定科目名【現金】を、該当する欄に追記する必要がある。
> c. 【現金】を記録した後の空欄（「借方」「貸方」のいずれか）には、現金が出入りした '理由' を表わす勘定科目名を、金額とともに記録する。
> 　　金額は出入りした現金と同額とする

85

（４）'仕訳（外部）'の手順（記帳の仕方）

　上記の現金出納帳の実験について、結論 b．c.の『現金』を'お金'と読み替えることにより、**'お金'全般についての仕訳帳の記入方法**とすることが出来る。

　その方法は、次の通りである。

> a．先ず、出入りした'お金'に着目して、その勘定科目を「借方」「貸方」欄のいずれかに記入する。
> 　その結果、「借方」「貸方」欄のいずれかが空白で残る。
> b．その空白欄に、'お金'が出入りした'理由'を表わす勘定科目を記入する。

　この方法の要（かなめ）は、**『取引において出入りする'お金'を記入する欄を、先ず決める』**ことである。

　少しクドクなるが、手順として表現すれば次のようになる。

> ①先ず、取引で出入した'お金'の種類をあらわす勘定科目を特定する
> ②次に、お金が出入した'理由'をあらわす勘定科目(相手勘定科目)を特定する
> ③その上で、「借方」「貸方」欄のどちらに'お金'の種類を記入するか、を決める
> ④最後に、空き欄に、'理由'を記入する

　「5.2.1 仕訳」で挙げた例を思い出していただきたい。

　そこでは、失礼ながら『もし'勉強家'が、勘定科目の一覧表と、「仕訳の基本原則」とを渡されて仕訳せよといわれたら、困惑するのではなかろうか』と申し上げたが、『上記手順に従えば、出来るかも－』と思っていただけるとすれば、幸甚である。

第5章 'リンゴ'の芯 <各論>

<回り道> 現金出納帳の空欄の記入

　上記手順で、'理由'の勘定科目は、③の記入後、『空いている方の欄』に記入するなんて、根拠薄弱だと思われるかもしれないが、これ以上、明解な説明はない。
　例えば、リンゴとミカンを一つずつ持っていて、これを二つの器（ザルとカゴ）に一個ずつ入れよといわれたとき、リンゴをザルに入れた後、ミカンはカゴに入れる以外に方法はない。

　ただし、である。
　本書では、説明を分かり易くするため、'仕訳(外部)'を「単仕訳」（1取引／1行）に限っている。
　そのため一つの勘定科目に対する相手勘定科目は一つであり、上に述べた理屈が成り立つのである。
　次に述べる「複合仕訳」の場合には、ビギナーは少しばかり悩むかもしれない。
　しかし、本書の方法をチャンと理解してもらえていれば、即ち'お金'と'理由'の勘定科目さえ抑えておけば、迷うことは少ないだろう。

<寄り道> 複合仕訳／単仕訳

　例えば、売上の一部を現金、残りは受取手形で受け取ったとき、真正直に仕訳帳に記入すれば、現金による売上を一つの取引、受取手形による売上をもう一つの取引、合計二つの取引に分割して記入することになる。
　正解ではあるが、実際は一つの商談にもかかわらず、あたかも二つの商談があったような記述になる。
　へそ曲がりな例を挙げれば、同じ商品を3個売り上げ、現金と受取手形が同額であったとき、どのように記録しようかと、余計なことで悩まなければならない。（もしこんな取引があれば、転記の際、総勘定元帳の摘要欄で説明することになるだろう）

そこで、仕訳帳へ記入する場合、「借方」「貸方」の勘定科目数が、片や1個、他方が複数という書き方が許容されている。
この書き方を、「複合仕訳」と呼んでおり、その記入例は次の通りである。

仕訳帳

日付	借方科目	借方金額	貸方科目	貸方金額	摘要	
3/31	現金	10,000	売上	50,000	売上	B社
	受取手形	40,000				

複合仕訳に対して、「借方」「貸方」ともに勘定科目の数が一つずつという、基本の仕訳を、「単仕訳」という。

5.2.4 '仕訳(内部)' ― 振替仕訳（ふりかえしわけ）

以上、'お金'と'理由'がペアになった'取引（外部）'の仕訳について説明した。

実際の仕訳では、'お金'の勘定科目同士、'理由'の勘定科目同士のパターンがある。

簿記の用語では、これを「**振替**」あるいは「**振替仕訳**」と呼んでいる。

日常生活で、祭日が日曜日に重なった場合、翌日の月曜日が『振替休日』になる。休日が移動するのである。

振替仕訳も考え方は同じであるが、振替仕訳の場合移動させるのは、金額である。つまり、'お金'同士、'理由'同士の振替では、○○勘定科目から××勘定科目に金額を移すのである。別の言い方をすれば、○○勘定科目の金額をマイナスし、××勘定科目に同額をプラスすることである。

'お金'同士の振替の例を、次に示す。

『在庫していた材料を、製造指示書に従って出庫し仕掛品とした』

仕訳帳

日付	借方科目	借方金額	貸方科目	貸方金額	摘要
4/1	仕掛品	1,000	材料	1,000	製品(ビンの蓋) 仕込み

第5章 'リンゴ'の芯 <各論>

　【材料】は'お金'(棚卸資産)であり、'社長の財布'の一部である。
　【仕掛品】とは『作りかけの製品』であり、'お金'(棚卸資産)に属する。【材料】と同様、'社長の財布'の一部である。
この'仕訳(内部)'を言葉で表現すると、次のようになる。
　　『【材料】の金額を出庫した分だけマイナスし、その分、【仕掛品】の金額をプラスする』

　次に、'理由'同士の例を挙げる。
　　『出張者に払った仮払い金を、出張から帰った後、清算した』
　　※通常、仮払い精算では、仮払いした金額と実際の旅費交通費は一致しないので現金の出入りが発生するが、この例では、一致したと考える。従ってこの例では'お金'の移動はない。

仕訳帳

日付	借方科目	借方金額	貸方科目	貸方金額	摘要
4/2	旅費交通	2,000	仮払金	2,000	旅費仮払い　清算

この取引を言葉で表現すると、
　　『【旅費交通費】は、今回の分が増えたのでプラスし、その分だけ【仮払い金】が減ったので、マイナスする。』

　このように、'お金'同士、'理由'同士の場合には、いずれも'**社長の財布**'の総額(「**資産合計**」)に影響を与えない。
　財布の中だけ、あるいは既に外部に出た費用の勘定科目の変更(金額の付け換え)であり、社内に限られた取引である。このため、『**内部**』と呼んだ訳である。

　では、'取引(内部)'の仕訳を行う際、仕訳帳の「借方」「貸方」をどう解釈すればよいのだろうか。
　その解釈の仕方について、次に述べる。

89

5.2.5 帳簿の「借方」「貸方」

'仕訳(外部)'を行なう場合、「借方」「貸方」の使い方に次の二つのパターンがあると説明した。(4.4.1 を参照)

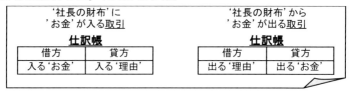

つまり、『入る'お金'』『入る'理由'』『出る'お金'』『出る'理由'』を記録するための「借方」「貸方」の欄は、決まっているのである。

この「借方」「貸方」の使い方（ルール）を'仕訳（内部）'にも適用し易いように組み替えてみる。

上の図を'お金'毎／'理由'毎に整理し直してみると、次のようになる。

帳簿の「借方」「貸方」欄の使い方

'社長の財布'に出入りする'お金'		'社長の財布'に'お金'が出入りする'理由'	
借方	貸方	借方	貸方
入る'お金'	出る'お金'	出る'理由'	入る'理由'

先ず、'**社長の財布**'に出入りする'**お金**'について見てみると、
「借方」：入る'お金' ― 家計簿・小遣い帳の「入金」欄に相当
「貸方」：出る'お金' ―　　　〃　　　　「出金」欄　〃
と云える。

つまり、**プラス**したい'お金'の勘定科目は「借方」に記入し、**マイナス**したい場合は「貸方」に記入すればよいことが分かる。

この、'お金'に関する「借方」「貸方」のルールは、仕訳帳についてであるが、仕訳帳に記録された取引はそのまま総勘定元帳に転記されるので、**総勘定元帳での「借方」「貸方」の使い方も同じである**。そして、金額は総勘定元帳の「残高」欄に反映される。

このルールは'**仕訳(内部)**'（**振替仕訳**）を行なう場合にもあてはまる。

第 5 章 'リンゴ' の芯　<各論>

次に、'社長の財布'に'お金'が出入りする'理由'について考えてみる。
'理由'を表わす勘定科目については、「**取引の二面性**」に基づいた仕訳(4.4.1)で説明した通り、出入りする'お金'とは反対の「借方」「貸方」欄に記入する。即ち、

　　　「借方」：'お金'が**出る**'理由'
　　　「貸方」：'お金'が**入る**'理由'

となる。出る／入るが**'お金'**と**'理由'**とでは真逆なのである。(当然？)言い換えれば、出る'理由'を表わす勘定科目の金額を**プラス**したい場合は「**借方**」に記入し、入る'理由'を表わす勘定科目の金額を**プラス**したい場合は、「**貸方**」に記入する。

　ここで、読者は『何？』と疑問に思われたのではなかろうか。
『どちらも**プラス**とは何事か』と―。
　この原因は、'理由'を表わす勘定科目自体が２種類あり、**出る'理由'の勘定科目と入る'理由'の勘定科目が別々に存在**しているためである。『教科書』流に言えば、出る'理由'を表わす勘定科目とは「費用」であり、入る'理由'は「収入」である。
　そして、出る／入る、いずれの場合でも総勘定元帳の「残高」欄には、その金額をプラスしなければならないからである。
　例えば、'お金'が**出る'理由'**の勘定科目【仕入】の場合、'社長の財布'から見れば'お金'は出て行きマイナスになるが、出る'理由'の勘定科目【仕入】からすればその「残高」は増える（プラスされる）と考えなければならない。
　上の例では、出る'理由'を表わす勘定科目について、その残高がプラスされる場合の説明をしたが、上記とは逆に「貸方」の欄に記入されると「残高」はマイナスされる。

　これに対して、**入る'理由'**の場合は、【借方】【貸方】の働きが上記の出る'理由'とは逆になる。
即ち、入る'理由'を表わす勘定科目が【貸方】に記入されれば、その金額

は【残高】にプラスされ、【借方】に記入されればマイナスされる。

　以上の説明から、出る／入る'理由'の勘定科目について「**借方**」「**貸方**」
のルールをまとめると、次のようになる。
　　　・**出る'理由'の勘定科目の場合**　　（「費用」例えば【仕入】）
　　　　　－【借方】ならば、総勘定元帳の【残高】はプラスされる
　　　　　－【貸方】ならば、総勘定元帳の【残高】はマイナスされる
　　　・**入る'理由'の勘定科目の場合**　　（「収入」例えば【売上】）
　　　　　－「貸方」ならば、総勘定元帳の【残高】はプラスされる
　　　　　－「借方」ならば、総勘定元帳の【残高】はマイナスされる

　このルールに従って'仕訳（外部）'の場合を図示すると、次のようになる。

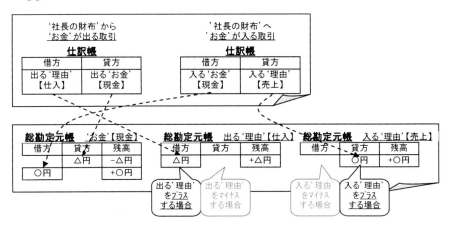

　また、'**仕訳（内部）**'の例、例えば、『出る』'理由'の勘定科目(費用)
同士の振替仕訳の例として、【仮払い】を旅費精算する場合を以下に示す。

第5章 'リンゴ' の芯　<各論>

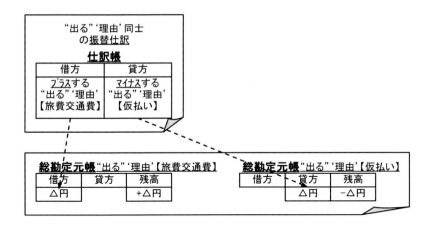

　このように**'理由'に関する仕訳**がややこしのは、『取引の二面性を一行で表現できる仕訳帳』の発明（？）により生じた『**ねじれ**』が原因である。『「借方」だったらプラス、「貸方」だったらマイナス』というようにスッキリして欲しいものであるが、そうは問屋が卸さなかった。
　『正確性を重視した仕訳・転記』のしくみの代償であり、総勘定元帳への転記以降の事務作業では少し苦労しなければならないようだ。
　振替仕訳の理屈がわからず、悩まれる'勉強家'が多いのではなかろうか。上に述べた『**ねじれ**』の理屈が、悩み払拭に役立ってほしいものである。

<寄り道>　振替伝票

　『簿記の出発点は仕訳帳への記録である』と述べたが、最近はコンピュータによる会計が普及したため仕訳帳という紙の帳簿の替りに、伝票を利用することが多くなっているようである。
　一般に伝票といえば多種多様であるが、仕訳に利用される伝票は「振替伝票」と呼ばれ、その様式は、仕訳帳とほぼ同じである。
　伝票は、取引が発生するたびに一枚記入することになる。
　その様式の例は、次の通りである。

93

振替伝票

借方科目	借方金額	貸方科目	貸方金額	摘要

（日付）

　本来の振替伝票の用途は、取引データが仕訳けられ総勘定元帳に記入された後、データの修正或いは変更(振替)を行うためであった(筈である)。コンピュータの導入により、仕訳帳の影が薄くなり、伝票が主役になりつつある。

5.3 減価償却

　勘定科目名の中には日頃見慣れない専門用語が多いが、日常生活に馴染んでいるものもある。

　減価償却は、そのひとつではなかろうか。

　ただ、その内容を説明しろといわれると、はたと困ってしまう。他の費用の勘定科目、例えば新聞図書費、旅費交通費のように単純ではないのである。

　一般に、会社がもの・サービスを購入する場合、代金を払い、該当する勘定科目でその費用を計上すれば、一件落着である。

　また、高額な装置・設備であっても、賃貸契約(リースあるいはレンタル)にした場合には、都度使用料を経費として計上すれば良い。事務所の家賃を毎月支払うのと大差ない。

　ところが、高額な装置・設備を自社で購入し長期間使用する場合には、少々面倒である。

　購入に掛かった費用を、減価償却費と云う勘定科目で計上する必要があるからである。

　以下、減価償却費とはどんなものであるかを確認し、その計算方法について解説する。

5.3.1 減価償却費とは

減価償却とは、一般に、次のように解釈されている。
　　a.『固定資産の取得費用を分割処理にする手続 (**分割払いモドキ**)』
　　b.『時間の経過によって生じる有形固定資産の価値の減少分を耐用年数の期間に振り分け、費用として計上する会計上の手続き』
（ c. 実は、もう一つの解釈の仕方があるのだが、これは後で紹介する）

　a. の『分割処理（分割払いモドキ）』の解釈法が、一番考え易いことは確かである。
　ただし、ここで云う『分割処理』は、『いわゆる分割払い』ではない。『いわゆる分割払い』では、取得した『もの』は取得した段階でマルゴト取得者のものになるが、取得費用は分割して支払う。もし減価償却費が支払額と一致していれば、あたかも減価償却費を支払っているように見えるだけであり、会計・簿記上は、減価償却費と支払い費用とが同時に発生する。
　他方、減価償却の『分割処理』は、取得金額を分割して計上するが、支払い方法は一括でもよい。その意味で「分割払いモドキ」なのである。
　『正統派の解釈』と云えば、b.であろう。
　そもそも「減価償却」という名前が、いかめしい。
　減価は『げんか』ではあるが、『原価』ではない。原価を計算するための重要な要素ではあるが、別物である。
　以下、「減価償却」をひも解いてみよう。

（1）減価とは

　文字通りの減価は、『もの』の価値が減った場合に使われる言葉であり、減価する『もの』の種類には寄らない。
　ただし、会計・簿記では、1年以内に消費されてゆく『もの』（流動資産）は、【消耗品費】などの勘定科目に割り振られ、減価償却の対象外である。
　また、製造に使われる原材料も放置すれば時間とともに減価してゆくが、短期間に消費されること（流動資産）が常識であるため、対象外である。
　預金も、現在はマイナス金利になる場合があるそうだが流動資産であり、

これも対象外である。
　対象となるのは、製造用あるいはサービス用の装置・設備で、1年以上にわたって使われる'もの'(固定資産)である。

　貸借対照表上で見れば、装置・設備を購入した時点では、購入した'もの'が現金に置き換わるだけであり、'社長の財布'の総額に変化はない。とはいえ'もの'は'時間が経つと摩耗あるいは陳腐化して機能が低下し、最終的には使い物にならなくなる。
　これが、会計・簿記における減価である。
　新品で買った装置・設備でさえ使用しないで大事に保管していても、時間が経つと必要な機能を果たさなくなり、価値が失われてゆく。
　価値の失われ方は、使用頻度が激しいため急速に失われることもあるだろうし、長い期間の間にじわじわと減少して行く場合など、様々である。

<道草>　　'増価'

　時間が経って値段が上がるものもある。
骨董的な価値、作成者の名声の高まり、希少価値が生まれた場合などである。
　ダビンチの描いたキリストの絵が、最近500億円で落札されたとかー。先日テレビを見ていたら、漁師さんが漁をするときに『履(は)いた』ジーパンが高値で売られていた。『漁師さんが船に乗って網を上げたときに履いていた』という履歴に価値を置く愛好家もいるのである。

(2) 償却とは
　辞書を見ると、『借金を返すこと』となっている。
　装置・設備の償却の場合は、『費用の回収』と考えることができる。
　後に述べる別の見方もあるが、一般的には、『物を取得するのに要した費用を回収すること』である。
　厳密に言えば100%回収できるとは限らないので、『費用回収対象の候補

とする』ことである。

（3）減価償却とは'時'代（じだい）である

　繰り返しになるが、装置・設備を現金で買った場合、'社長の財布'から現金という'お金'が出て行く代りに、装置・設備という'お金'が入ってくる。

　一見、『物を買うことで損得は生じない』ように見える。

　ところが、装置・設備は、時間とともに減価してゆく。何もしなくても一、である。

　自然に流れ去る『時間』と云う'時主（地主ではない）'が、有無を言わさず価値を剥奪(はくだつ)して行くのである。

　誰も止めることはできない。

　失われてゆく価値を放置すれば、'お金'を捨てているようなものである。（骨董品を除けば一）

　他方、目を転ずれば、会社が地主に地代を払う場合がある。土地を利用して事業を行い、地代以上の利益を生むことが期待出来るからである。

　装置・設備の場合も同様であり、会社は装置・設備を使用することにより、失われる価値を補いながら利益を上げようとしているのである。

　いわば、'時主'に対して'時'代（地代ではない）を支払っているようなものである。

　但し、現金は出て行かない。劣化、陳腐化という『現物引き剥がし』である。

　この**'時'代を、売上の一部を引き当てて回収**するしくみが、減価償却である。

5.3.2 '時'代の払い方

　時間の経過とともに失われた装置・設備設備の価値は費用として計上し、その装置・設備を利用して得られた売上の一部で相殺する。

　いわば使用料を支払うことと同じである。

　一般的に言えば、今年度の発生した費用は、今年度の費用として計上しな

ければならない。(企業会計原則の「発生主義」「費用収益対応の原則」)

　利益を出すために、今年度発生した費用を来年度以降に回そうなどと云うことは、本来あってはならない。

　経営状態を正しく判断するためには当然であろう。

　「発生主義」の考え方を文字通りに受け止めれば、装置・設備の取得費用は、取得した年度に全部計上しなければならない。

　その場合、翌年度以降の売上とその内訳を図示すると次のようになる。

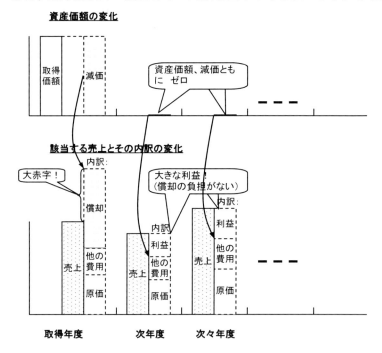

　しかし、この処理の方法には、少々違和感がある。取得した次年度以降、装置・設備はまだピンピンしていて、製品・サービスを生み出すことに貢献している。

　にも拘らず、帳簿上は、価値がゼロになってしまっている。

　且つ、次年度以降は、その価値を利用して売り上げを上げているのに、そ

第5章 'リンゴ' の芯 <各論>

の費用負担がゼロである。
　このような状態は、常識的に考えても不自然であり、経営の実態を表わしているとは言い難い。
　価値の減少は、取得した年度以降ずっと続くのであるから、むしろ、発生主義を「失われた価値」に適用して、装置・設備を使用する期間に分配すればよいと考えるのが妥当ではなかろうか。
　同じ装置・設備を使う限り、後々の年度でも取得に要した費用を負担すべきではなかろうか。
　これが装置・設備の取得費用を『分割処理』にする理由であり、『失われた価値』を定期的に費用化することを減価償却という。
　これを図にしたものが、以下である。

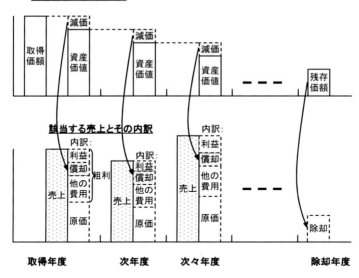

<寄り道>　「費用収益対応の原則」

　「4.3.1 複式簿記のルール」で紹介した「企業会計原則」の中で、損益計算書に関する原則「損益計算書の本質」には、次のように書かれている。

『　損益計算書は、企業の経営成績を明らかにするため、一会計期間に属する総ての収益とこれに対応する総ての費用とを記載して経常利益を表示し、これに特別損益に属する項目を加減して当期純利益を表示しなければならない』

また、「発生主義の原則」として、次のように書かれている。
　『　すべての費用及び収益は、その支出及び収入に基づいて計上し、その発生した期間に正しく割当てられるように処理しなければならない。ただし、未実現収益は、原則として、当期の損益計算に計上してはならない』

「損益計算書の本質」「発生主義の原則」を文字通りに解釈すれば、前出の図に示したような不都合が生ずる。

他方、「費用収益対応の原則」では、次のように述べられている。
　『　費用及び収益は、その発生源泉に従って明瞭に分類し、各収益項目とそれに関連する費用項目とを損益計算書に対応表示しなければならない。』
『収益に対する費用を明確にする』という意味では、過去に購入した装置・設備を使って収益を上げたのであるから、その取得費用に対して応分の負担をすべきと考えることが出来る。
これを実現したのが、減価償却である。

5.3.3 減価償却の方法
　以上、『装置・設備を取得した場合には減価償却を行う』と述べたが、具体的には、どんな装置・設備が減価償却の対象になるのか。
また、償却期間はどのように設定されるのだろうか。

（1）対象
　減価償却の対象となる装置・設備は、固定資産であり、減価償却資産と呼

第5章 'リンゴ'の芯 <各論>

ばれる（下図参照）
　固定資産であっても減価償却の『対象外』となるものもあり、それを非減価償却資産という。
　他方、流動資産も減価償却の『対象外』であるが、中には『減価しそうでしない』流動資産もある。例えば、商品、製品、半製品、仕掛品、原材料、貯蔵品などであり、これは棚卸資産と呼んでいる。
　貯蔵品はさらに事務消耗品、工具器具備品消耗品、梱包材、燃料などに細分化される。

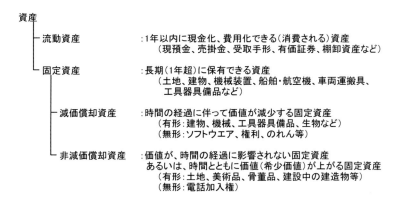

＜道草＞　流動資産の減価

　'お金'の中で減耗するものは、固定資産と相場が決まっていた。特殊な例であるが、最近では、金融機関が日本銀行に預けている預金が減耗する。
　普通なら利息はプラスであるが、マイナス金利という、これまでの常識をひっくり返すような出来事が起きている。
　インフレも流動資産の実質的(帳簿上ではない)減価要因である。

（2）耐用年数
　会社は、取得した装置・設備を出来るだけ長く使いたいと考えるだろう。

しかし、同じ設備・装置でも使用頻度、保全の程度によって使用可能な年数は変わってくる。

また、市場が変化することにより、市場の要求する製品・サービスを生み出すことが出来なくなる場合（陳腐化）もあり得る。

会社の裁量に任せると混乱を招きかねない。

これを防ぐため、、設備・装置の種類毎の標準使用可能年数を法律により定めている。これを法定耐用年数という。

日ごろ、あまり目にする数値ではないので、参考までに、幾つかの例を以下に挙げてみよう。（出展　「耐用年数表」／国税庁）

その一つである「生物」は、『これも減価償却資産か』と、改めて合点される読者もいることだろう。

耐用年数の例
〈建物〉の例

構造・用途	細目	耐用年数
木造・合成樹脂造のもの	事務所用のもの	24
	店舗用・住宅用のもの	22
	飲食店用のもの	20
	旅館用・ホテル用・病院用・車庫用のもの	17
	公衆浴場用のもの	12
	工場用・倉庫用のもの（一般用）	15

〈機械・装置〉の例

設備の種類	細目	耐用年数
農業用設備		7
林業用設備		5
食料品製造業用		10

<器具・備品>の例

設備の種類	細目	耐用年数
事務機器、通信機器	謄写機器、タイプライター	
	－孔版印刷・印書業用のもの	3
	－その他のもの	5
	電子計算機	
	－パーソナルコンピュータ（サーバー用のものを除く。）	4
	－その他のもの	5
	複写機、計算機（電子計算機を除く。）、金銭登録機、タイムレコーダーその他これらに類するもの	5
	その他の事務機器	5
	テレタイプライター、ファクシミリ	5
	インターホーン、放送用設備	6
	電話設備その他の通信機器	
	－デジタル構内交換設備、デジタルボタン電話設備	6
	－その他のもの	10

<生物>

構造・用途	細目	耐用年数
牛	繁殖用（家畜改良増殖法に基づく種付証明書、授精証明書、体内受精卵移植証明書又は対外受精卵移植証明書のあるものに限る。）	
	－役肉用牛	6
	－乳用牛	4
	種付用（家畜改良増殖法に基づく種畜証明書の交付を受けた種おす牛に限る。）	4
	その他用	6

（3）償却額 ― 定額法、定率法

　減価償却対象の年度毎の償却額は、下記の二つの方法のいずれかで計算される。

　　a. 定額法
　　b. 定率法（法定償却法）

　定額法とは、その名の示す通り、一定金額を決めて毎年度償却する方法であり、定率法とは残存価値の一定比率の額を償却する方法である。詳細は専門書に譲ろう。

5.3.4 減価償却の特例
（1）減価償却のための手続きと社内事務

　収益・費用の処理は一会計期間(年度)内で完結することが基本原則である。

にも拘わらず、減価償却は、多年度にわたって費用を分散させることを認めている。
　野放しにすると、悪用、乱用を招く懸念がある。

　これを防止するため、減価償却を行う装置・設備(償却資産)は前もって市町村役場に申告する制度が採られている。
　また、その償却方法（定率法／定額法等）は税務署長に申告する必要がある。
　他方、社内では固定資産台帳を作成して現状を確認し利用状況等の記録をしなければならない。
　また、年度ごとの決算書には、減価償却の計算書（「減価償却費明細表」）を添付することが義務付けられている。

（２）少額減価償却資産と減価償却の簡素化
　このように、償却資産は、管理が少々面倒である。
金額の小さいものまで償却手続きを義務化することは、会社に大きな業務負担を与えかねない。
　そこで、救済措置として、少額の装置・設備については『申告ナシ』の償却が認められている。（少額減価償却資産）
　取得金額を計上するための勘定科目は、【消耗品費】（事務用品、消耗工具器具備品）である。
　取得した装置・設備は、消耗品と同様、その年度に使い切ったものと見なされる。現実には設備が存在していても－。
　少額減価償却は費用扱いとなるため、当事業年度の利益を減らす効果があり、中小企業の節税対策として国が配慮した制度でもある。

　少額減価償却の対象となり得る装置・設備の要件と、償却額は、次の通りである。

要件：　　　－使用可能期間(実質的な耐用年数)が1年未満
　　　　　　－耐用年数が1年以上でも、取得金額が20万円未満
償却額：　　－取得金額が　10万円未満であれば、全額
　　　　　　－　　〃　　　10万円以上20万円未満であれば、1/3ずつ3年間に分割
　　　　　　－　　〃　　　(20万円以上は"少額"ではなく、対象外)
耐用年数：　－(無視)

＜寄り道＞　【減価償却費】と他の費用の勘定科目との違い

　先の説明で『減価償却は、『時間』と云う'時'主に'時'代を払っているようなもの』と例えたが、『地代』とは異なり、会社から現金は出て行かない。自然に(？)消えてゆくのである(価値が減少してゆく)。
　『この価値の減少分だけ、毎年、利益から差し引きましょう、そのために費用として計上しましょう』というのが、減価償却である。
　【減価償却費】は、費用として計上されるが実際にお金は出て行かないことが、他の費用と大きく異なる点である。

＜寄り道＞　自己金融

　減価償却費を費用として計上すると当期の利益を減少させることになるが、実際には社外にお金は出て行かないので、その分(減価償却した分)のお金を社内に残したまま利益を減らしたと考えることが出来る。
　逆の見方をすれば、減価償却により利益を減らした分だけ、お金が社内に残っていると考えられる。
　お金に色が付いている訳ではないので、このお金は何にでも使える。社長から見れば外部からお金を借りることなく、使えるお金を手に入れたことになる。
　これを『減価償却による社内金融』と呼ぶことがある。

　この考え方は、割り切りの早い経営者の考え方とでも云えばよいだろうか。
　『　装置・設備を取得するために大金を支払ったが、貸借対照表の'社

長の財布'（資産）の総額に変化はなかった。
　　　時間が経てば装置・設備の価値は少しずつ失われるが、現金を支払う
　　わけではない。
　　　価値の減少は止めようもない。
　　　ならば、その分のお金を費用として計上し、利益から回収して有効に
　　使おう、利子もかからない、お金を貰ったようなものだ　』
と考える。
　云わば『楽観主義』である。

　しかし落ち着いて考えれば、固定資産を購入したときに既に大金を払っているのである。その資金を借金して調達したとすれば、社長は借金の返済を考えなければならない。
　　『　【減価償却費】という勘定科目で、利益の中から返済金を取り分け
　　　ておき、支払いに充てよう　』
と考える社長もいるだろう。
　減価償却を『費用の分割処理』と考える、実直派社長である。'勉強家'にとっては、この方が考えやすいだろう。

＜寄り道＞　【減価償却費】は計上しなくてもよい

　個人事業の場合、減価償却は必ず行わなければならない。
しかし法人（会社）の場合は、【減価償却費】を費用として計上しなくても違法ではない。
　費用として計上すれば、固定資産取得の対価を回収することに貢献するが、当期の利益を減少させる（副)作用がある。
『会社としては黒字決算にしたいが、減価償却費を計上すると、赤字になってしまう』という状況になったとき、社長は、減価償却を見送るということも可能である。
　即ち、会社の年度決算における利益調整に減価償却費を利用することが出来るのである。

> しかし、健全な経営という観点からは望ましいことではなく、取引している金融機関からは『止めてください』といわれるだろう。

5.4 原価計算
5.4.1 決算のための原価計算　　＜総論＞
（1）原価計算の目的

原価計算は、会計・簿記において大きなテーマであり、、特に製造業では一つの分野を形成している。

製造業における原価計算の目的には、次の四つがである。

a. **決算**：原価の実績を集計し、財務諸表を作成する　（実際原価計算）
b. **原価管理**：目標原価を定め、その実現に努める　（標準原価計算）
c. **価格決定**：原価を踏まえ、販売価格を設定する　（直接原価計算）
d. **短期利益計画**：直接費に焦点を当て、予算を管理する（　同上　）

本書は財務会計と簿記のしくみの解説を目的としているので、「a. **決算**」の原価計算について説明する。

（2）損益計算書の表示項目

繰り返しになるが、決算時、損益計算書に表示される表示項目は、次の通りである。

```
           損益計算書

     売上高
     売上原価
           売上総利益（粗利）
       販売管理費および一般管理費
           営業利益
       営業外収益、費用
           経常利益
       特別利益、損失
           税引前当期利益
```

この章で述べる『原価』とは、上記の「売上原価」を指す。

「売上原価」は表示項目名であり、日常の呼び名は、業種によって異なる

場合がある。

　また、'勉強家'から見ると、原価を構成する勘定科目と、「販売管理費あるいは一般管理費」の勘定科目との区別がつき難いものもあるだろう。

　以下、例を交えながら解説する。

(3) 業種別簿記

　決算のための原価計算のやり方は、会社の業種、規模によって様々である。実は、原価計算を含む『簿記』そのものが、業種により少しずつ異なるのである。

　農林・水産漁業、建設業、卸・小売業、製造業、金融・保険業、教育・学習支援業、医療、公務など、業種名を見ただけで、会計・簿記の内容に違いがありそうだと直感できるだろう。

　その原因は、業種により
　　　　　－取り扱う『もの』が異なるため業種特有の勘定科目が設定される
　　　　　－データの集め方、まとめ方（計算の仕方）が異なる
ためである。

　しかし異なるとは云いながらも、『一般論として会計・簿記を語ることが出来る』のであるから、基本は同じである。

　その基本とは、『物品を販売』する業種の簿記であり、現在は「商業簿記」と呼ばれている。

　古くは 13～14 世紀ごろイタリアの貿易業から生まれ、「商業簿記」として区別されるまでの簿記は、単に『簿記』で通用した。マルコポーロがアジア諸国を旅した時代であり、日本で云えば鎌倉時代から室町時代に移行する頃であったろうか。

　誕生して間もない頃の『簿記』の原価計算は、物品の仕入れ価格を管理すれば『一件落着』であったが、時代が進み 18 世紀に産業革命が起きると、物品の生産が急増したことにより、製造原価を管理しなければならなくなった。当初は製造に関わる技術者が、『簿記』とは無関係に原価管理を行っていたそうであるが、製造業の影響力が増大するとともに、製造原価の管理と簿記とが統合されることになった。こうして生まれたのが「工業簿記」であ

る。日本では、明治維新により西洋の簿記が導入され、紡績業を中心とする産業革命により工業簿記が使われるようになったが、その普及に大きな貢献をしたのが日清・日露・太平洋戦争という戦争であったというのは、皮肉な話である。

太平洋戦争後、朝鮮戦争とその後の高度成長期を経て、簿記は、サービス業をはじめとしてあらゆる業種に導入され、業種に応じてカスタマイズされながら、業種別簿記として進化し続けている。「農業簿記」「建設業簿記」「医療簿記」などは、その例である。

(4) 業種ごとの原価計算

話しを「**原価**」に戻そう。

以前（1953〜2005）、中小企業庁が発表していた「中小企業の原価指標」という調査では、業種を6つに大分類し、それぞれの原価名称を次のように表示している。

業種	原価の表示名称
建設業	完成工事原価
製造業	製造原価
卸売業	売上原価
小売業	売上原価
運輸・通信業・不動産業	売上原価
サービス業	売上原価

卸売業、小売業は「商業簿記」誕生の土壌となった業種であり、損益計算書で「売上原価」という名称が使われているのは、納得である。

また、売上原価は物品の仕入額であり、分かり易い。

他方、『**サービス**』を売りものにする運輸・通信・不動産業でも「売上原価」という名称が使われている。『サービス』が商品として重視されるようになったのは極最近のことであるが、『サービス』を目に見えない商品と考えれば、その原価計算に物品の原価計算法を応用することは容易であったろう。ただし、物品との大きな違いは、『サービス』は、日持ちがしない、在庫ができないことである。

これに対して、製造業、建設業では『売上原価』とは言わない。

製造業の原価は、「製造原価」と表示されている。

また、製造原価計算の対象は、『商品』でなく、『製品』と呼ばれている。

日常、商品と製品はあまり意識して使い分けてはいないが、会計・簿記では次のように区別している。

　　　商品：仕入れて売るだけの物品（加工しない）
　　　　　　対価を伴うサービス
　　　製品：原材料を加工した素材
　　　　　　素材を加工した部品
　　　　　　部品を組み立てた物品

建設業の「完成工事原価」の考え方は、製造業の「製造原価」に近い。

一つの建設現場が一つの製造業事業所と考えれば、理解しやすいだろう。

＜寄り道＞　中小企業庁の統計データ

中小企業庁が過去行っていた調査の一つに、「中小企業の原価指標」がある。

調査の目的は、中小企業の財務・経営面における実態を把握することであり、1953年から2005年まで毎年行われ公表されてきた。

データが業種ごとに分類され、さらに「健全企業」と「欠損企業」との対比も行われており、有益な情報源として重用された。

なお、この調査の後継が「中小企業実態基本調査」であり、2004年以降、毎年実施され統計データとして公表されている。

インターネット上で参照可能である。

ただ、原価について云えば、全業種同一の原価構成（売上原価）としているため業種間の比較が容易になった半面、業種ごとに特徴のある費目が見えにくい。そのため、本書では「中小企業の原価指標」の例を参考として用いた。

（5）原価の構成要素

これら原価を構成する費用には、どのようなものがあるのだろうか。

卸・小売業の売上原価は、仕入れて販売する商品だけである。

販売活動、一般管理活動を行うための費用は売上原価には含めず、販売費、

管理費として計上される。

　他方、サービス業の売上原価を構成する要素は、、大雑把に言えばサービスを実際に行なう従業員の労務費が主であり、プラスされる費用としては、サービスを行うための設備、道具などの費用がある。

　これに対して製造業の製造原価は、少しややこしい。
　そこには、製品を製造するための材料費、製造作業員の賃金、さらに装置・設備や工場運営にかかる費用が含まれる。
　建設業の完成工事原価も、考え方は同じである。

　原価の総論のまとめとして、原価に計上される費用と、原価以外の費用の具体例を挙げておこう。
　原価以外の費用は、損益計算書の「販売費、一般管理費」などとして表示される。

業種	原価	損益計算書で表示される、他の費用
サービス業 /運輸業・通信業 ・不動産業	売上原価 　直接材料費 　直接労務費 　光熱・水道 　　　・動力費 　外注費	営業費 　店主給料 　従業員給料 　福利厚生費 　消耗品費 　広告宣伝費 　…
卸売業、小売業 /飲食店	売上原価 　(仕入高)	販売費　　　　　　　管理費 　販売員給料　　　　店主給料 　支払運賃　　　　　従業員給料 　販売員旅費交通費　福利厚生費 　車両燃料・修理費　減価償却費 　…　　　　　　　　…
製造業	製造原価 　直接材料費 　購入部品費 　直接労務費 　…	販売費　　　　　　　管理費 　販売員給料　　　　役員給料 　旅費交通費　　　　事務員給料 　通信費　　　　　　福利厚生費 　支払運賃　　　　　減価償却費 　…　　　　　　　　…
建設業	完成工事原価 　材料費 　労務費 　外注費 　…	一般管理費 　役員報酬 　従業員給料 　退職金 　法定福利費 　…

以下、「売上原価」、「製造原価」の順に解説する。
「完成工事原価」については、専門書を参照されたい。

5.4.2 売上原価の計算
(1) 売上原価の実態 ― 業種別

損益計算書で利益を計算するために、何故売上原価が必要なのか、おさらいしてみよう。

貸借対照表における利益の考え方は、財産法によって説明した。
貸借対照表により、決算時点での、会社の「資産」「負債」「純資産」の静的な状態を知ることが出来る。写真で言えば、スナップ写真である。
しかし、経営の状態を把握するためには、貸借対照表のみでは情報不足であり、利益が生まれた、或いは失われた理由・経緯を把握しなければならない。
そのために作成されるのが、損益計算書である。

損益計算書の冒頭に表示される利益は、売上総利益(粗利益)であり、その計算式は次の通りである。

<u>売上総利益(粗利益) = 売上高 － 売上原価</u>

売上高(収益)は、当期の売上金額の合計であり、その計算は難しくない。
他方、**売上原価が曲者**である。
総論で述べたように、売上原価に計上される勘定科目は業種によって異なり、それらが売上原価に占める割合も様々である。

具体的な姿を見てもらうため、中小企業庁の「中小企業実態基本調査」(2015年)のデータを紹介する。
多くの業種の中から身近の例として、下記の業種を選んでみた。
 a. 小売業(コンビニ)

第 5 章 'リンゴ' の芯　<各論>

　　　b. 生活関連サービス業（理容店）
　　　c. 飲食サービス業（すし・中華など）、
　　　d. 建設業（管工事業）、
　　　e. 製造業（自動車/オートバイ部品製造）、
　読者が予想された通りと思うが、小売業、食品店の原価の 80％以上は仕入商品である。
　工事業者は、外注依存型であり、部品製造業は、材料費が多いことが分かるだろう。

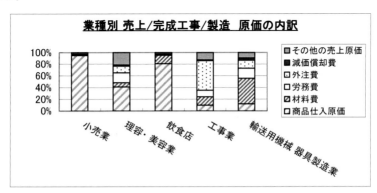

　以下では、小売業、卸売業を想定して、『商品』の売上原価計算について解説する。

（２）商品の売上原価計算
　商品について、損益計算書に記載される売上原価を計算することは、簡単そうにみえる。
　計算式は、次の通りである。
　　　販売した商品の売上原価＝期初に在庫していた商品の在庫金額
　　　　　　　　　　　　＋　仕入れた商品の仕入れ価格
　　　　　　　　　　　　－　期末に在庫している商品の在庫金額

　これを図示すれば、次のようになる。

113

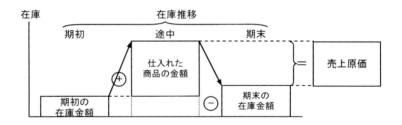

　何やら見たような図と、読者は思いあたっただろう。
　その通り。この図は、利益計算の「財産法」の図と、殆んど同じである。
　理屈の上では、分かり易い。

（3）基本は商品の単価

　しかし、良く考えて見ると、一筋縄では行かないことが分かる。
　何故か。
　通常、在庫されている個々の商品は、仕入単価が分からない（正札が貼られていない）からである。
　利益計算の場合は、財布に残っているお金を数えれば、残高を計算することが出来た。
　財布に残っているお金は、一枚一枚金額が分かるからである。
　ところが、原価計算の対象である商品は、通常、見ただけでは仕入価格が分からない。
　分かるようにするためには、仕入れた時に商品にラベルを張り仕入金額を記録しておく必要がある。

　とはいいながら、仕入単価が分かり易い場合もある。例えば、
　　　　・仕入れたらすぐ売れる場合（在庫がない場合）
　　　　・仕入単価が一定不変である場合
である。
　仕入れた商品が直ぐに売れる場合は、確かに簡単である。
　仕入金額を合計すれば、売上原価が求められる。

また、商品の在庫を持ちながら販売する場合でも、商品の単価が一定不変であれば、商品の個数さえチャンと管理することにより、簡単に売上原価を計算できる。

<u>販売したA商品の売上原価＝（最初から在庫していたA商品個数</u>
<u>　　　　　　　　　　　＋　仕入れたA商品の個数</u>
<u>　　　　　　　　　　　－　現在在庫しているA商品の個数）</u>
<u>　　　　　　　　　　　×　A商品の単価</u>

（4）「個別法」による売上原価計算

現実の商売では、取り扱う商品が1種類であっても仕入れた日付によって単価が変動することは、珍しくない。

従って、在庫品は、同一品目であっても単価の異なる商品が混在することを前提に考えておかなければならない。

例えば、年度初めに在庫が20個あった。その仕入単価は20円であった。その後仕入を一度行ない、暫らくしてから在庫の一部を販売することが出来たとする。

売った商品の原価はいくらになるだろうか。

1月1日	繰越	単価	20円	20個	（期首在庫）
3月31日	仕入	単価	21円	30個	
5月1日	売上	単価	30円	40個	
12月31日		（期末在庫）			

売った商品の正確な原価を計算するには、その内訳、即ち、20円の商品が何個、21円の商品が何個だったかを確認する必要がある。

この最も素朴な方法は、仕入れたときの単価をラベルに書いて商品の一つ一つに貼り付けておく方法である。

買い手がついて倉庫から出されたとき、商品ごとに貼り付けた仕入価格を見て売上原価とすることが出来る。

棚卸在庫の計算も、各商品の仕入価格を読み取り、集計すればよい。

この原価計算法を「個別法」という。
　正確な原価管理は可能であるが、手間がかかる。
　手間がかかれば、販売費が増え、市場で売れる販売価格（市場価格）が決まっているとすれば、儲け(利益)が少なくなる。
　従って現実的には、単価の安い商品であれば、商品一個一個に仕入価格を貼りつけるようなことはしない。個々の商品が個性を持つ、高額な商品(宝石など)に適用される。
　ただし、今後IT化がさらに進めば、個別法が普及する可能性はある。

<寄り道>　　ICタグ

　10数年前にICタグが話題になったことがある。
　ICタグとは、記憶と無線通信の機能をもつICチップが内蔵された正札である。
　商品の仕様、価格などを予め記憶させて（書き込んで）商品に貼り付けておき、必要に応じてリーダ（読取装置）をかざすことにより、書き込まれている情報を読み取ることが出来る。
　このICタグを全ての商品につけておけば、在庫管理、原価管理はもとより、販売管理、顧客管理まで容易に行うことが出来るようになると云われている。が、仕入価格を手書きする場合と同様、コストが問題である。

（5）「最終仕入原価法」による売上原価計算
　仕入価格が変動する場合、一般に採用されている原価計算の方法が、「最終仕入原価法」である。

　「最終仕入原価法」とは、直近で仕入れた単価を、その時点で在庫されている同じ商品全体の単価とする方法である。
　仕入単価決定の簡便法であり、計算の精度はアバウトである。
　言い過ぎではあるが、帳簿の改竄を法律が認めているようなものである。

第5章 'リンゴ' の芯　<各論>

　この計算は、補助簿の一つである「商品有高（ありだか）帳」を使って行なう。
　前の（４）で挙げた例題について記録したものが、次の表である。

商品有高帳

月日		摘要	受入			払出			残高		
			数量	単価	金額	数量	単価	金額	数量	単価	金額
1	1	繰越	20	20	400				20	20	400
3	31		20	21	420	20	20	400			在庫の再評価
		仕入	30	21	630				50	21	1050
5	1	売上				40	21	840	10	21	210
12	31	繰越							10	21	210

↑最終仕入単価　　↑既存品の単価を最終仕入単価に変更　　↑売上の単価＝最終仕入単

　この例では、3月31日に仕入をした際、最終仕入価格を用いて在庫の再評価が行なわれている。
　再評価とはどういうことかというと、直近の残高に示されている単価を、今仕入れた単価に付け替える（振替える）ことである。（こんな「振替」もあるのである！）
　3月31日に実際に行われた仕入の内容は第2行目に記録されており、数量　30個、単価　21円であった。
　直近の残高（1月1日に記録）は、数量　20個、単価　20円であった。
　この在庫（残高）を払い出し、あたかも同数の個数を仕入たかのような処理をしているのが、3月31日の第1行目である。（振替処理）
　その仕入単価としては、第2行目に記録された最終仕入原価　21円が記入される。
　第2行目の残高が、3月31日時点での在庫金額を表わすことになる。

　残高の再評価は、仕入が行なわれる度に行われる。
　また、売り上げられる商品の原価計算には、直近で再計算された単価が用いられる。

117

以上、商品の在庫計算で一般的に用いられる「最終仕入原価法」について解説したが、会社として損益計算書の売上原価を計算するには、適切な方法により総ての商品の在庫金額、仕入単価を管理することが必要である。

＜寄り道＞　仕入単価管理法

　仕入単価の管理法としては「個別法」「最終仕入原価法」以外にも、以下のような方法がある。
- 個別法
- 最終仕入原価法
- 先入先出法
- 後入先出法
- 移動平均法
- 単純平均法（単価だけの平均、個数は無視）
- 総平均法（単価 x 個数の平均）

　それぞれの方法に応じた在庫の単価、（合計）金額は、商品有高帳を用いて計算される。その計算法については専門書を参照されたい。
　また、商品有高帳を使わず、商品グループ毎に、売価と仕入額を基に一括して原価率を計算する、「売価還元法」という計算法もある。
　いずれの方法を取るにしても、各企業は、商売のやり方に応じて計算方法を決め、それを継続する必要がある。

5.4.3 製造原価の計算

　前の「5.4.2」では、商品原価計算について説明をした。
　製造原価計算は、これよりも複雑である。
　商品の場合、原価を構成するのは、対象とする商品そのものだけである。商品の数が多くても、各商品について在庫数、仕入単価、仕入数、売上数をきちんと記録すれば、年度の売上原価を計算することが出来る。

第5章 'リンゴ' の芯　<各論>

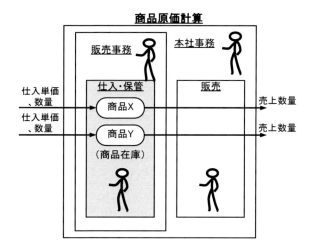

　製品の場合は、商品の売上原価に相当する原価を、製造原価という。
　製造原価の計算は、商品の売上原価と同様の計算方法で求めることが出来る。
　ただし、そのためには商品の仕入単価に相当する、製品ごとの製造単価が必要である。

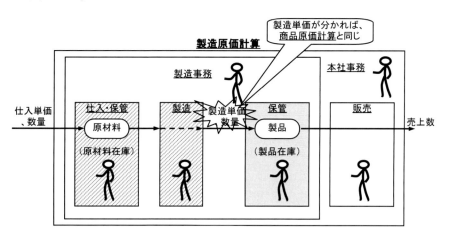

　製造原価の補足説明にしては少々遠回りではあるが、製造原価計算のしく

みを説明する前に、先ず、『製造』とはどのように行われるか、見てみよう。

(1)『製造』とは ― 予備知識
　『製造』と似た言葉に『生産』がある。以下、『生産』は『製造』プラス『管理活動・支援活動』、つまり『生産』の方が『製造』よりも広い概念であると考える。

－1 生産プロセスのモデル ― 受注生産型と見込み生産型
　一口に製品と云っても、大は「飛鳥」のような豪華客船から、小は時計の部品となるネジに至るまで色々であり、従って生産プロセスも製品によって様々である。

　更に、同じ種類の製品であっても、注文を取ってから設計・製造する場合（受注生産／個別生産）と、注文を予測して『つくり貯め』をする場合（見込み生産）では、製造の手順は異なる。

　そこで、ここでは、**仮想の生産プロセスモデルを想定して話を進める**ことにする。

　モデル化したプロセスを図示したものが下図である。
製造の上流工程は受注生産型、下流（実際に'もの'をつくる場面）は見込み生産型をイメージしている。

　なお、図中の**1**～**8**は、製造の過程で授受される情報の発生順番を示す。

第5章 'リンゴ'の芯 <各論>

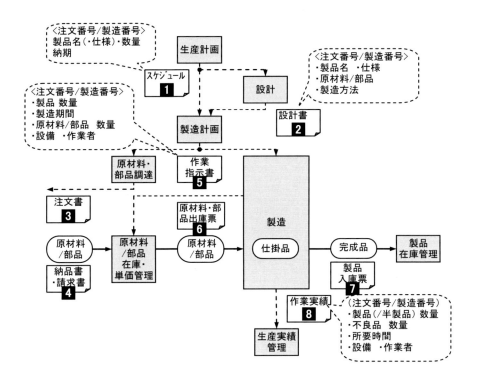

－2 生産の流れと活動内容

生産の概略の手順は、次の通り（①～⑧）である。

① 生産計画

　受注生産型、見込み生産型のいずれの生産方式であっても、生産プロセスの最上流において

　　　・何を　　　（部品・製品）　―　What
　　　・どれだけ　　（数量）　―　How many/much
　　　・何時までに　（納期）　―　When
　　　・どのように　（方法）　―　How

作るかを決めなければならない。
これを書類にしたものが、スケジュールと設計書である。
　受注生産の場合、大筋のスケジュールを作るのは、工場の生産計画部

121

門であり、注文が決定する度に設計・製造のスケジュールを立てる(見直す)。

　これに対して見込み生産の場合は、工場とは別組織の製品企画部門が開発計画を立て、それに従って商品開発部門が開発(設計)を行ない、生産部門はその結果に基づいて生産準備・製造計画を立てる。生産準備には、製造方法の策定、それを実現するための装置・設備の調達、製造手順の策定、試運転まで含まれる。場合によっては新しい工場を丸ごと建設する場合もある。

② 設計

　受注生産では、設計書を工場の設計部門が作成する。
見込み生産の場合は、①の生産計画に先立って、商品開発部門が商品の開発(設計)を行ない、設計書を作成する。

③ 製造計画

　工場の製造部門は、設計書とスケジュールに基づいて詳細な製造計画を立てる。

④ 原材料・部品調達

　製造部門は、製造計画に基づく日毎の製造指示を現場に出す前に、原材料・部品を揃える必要があり、在庫がなければ調達する。

⑤ 製造指示

　製造部門は原材料・部品の在庫確認をした後、現場の作業員に対して日毎の製造指示を出す。

　これが作業指示書である。

　作業指示書には、当日、保管場所から払い出すべき原材料・部品、作業手順が書かれている。

⑥ 製造

　作業員は作業指示書に基づいて製品を製造し、完成すると入庫票を添付して、製品の保管場所に搬入する。

⑦ 作業日報作成

　作業員は、当日の終わりに作業実績を記録し、報告する。

⑧ 生産管理データ集計
　製品の原価計算で参照されるデータは、作業員が記録した製品入庫票、作業日報から抽出される。
　即ち、作業員が行なった作業の結果が、製造原価計算に計上されることになる。

－3 生産に必要な情報と実績データ
以下、上図の各ステップでどのような情報に基づいて生産活動が行なわれるか、またどのような実績データが収集されるかについて、少し詳しく説明するが、お急ぎの読者は、読み飛ばしても結構である。製造原価計算の理解には支障ないだろう。

　製品を製造するには、先ず
　　　　　『どんなものを、どれだけの数量、何時までにつくるのか』
を決めることが必要である。
　受注生産方式であれば、製品に対する顧客の要求仕様と実現方法（設計）とを摺り合せることにより、最終的な仕様、金額、納期が決められる（契約）。
　見込み生産方式であれば、製品の仕様・価格は会社が販売予測を基に独自に設定（開発・設計）し、製造する数量、時期についても会社が販売予測に基づいて決定する。
　いずれの生産方式の場合でも、製造部門（工場）は、これらの決定を受けて製品の製造を行なうことになる。

　各ステップで行う活動は、次の通りである。
　①工場の生産計画部門は、概略の生産スケジュール（通常、月単位）を立てる。
　　受注生産であれば、受注情報に基づいて計画される。
　　見込み生産であれば、営業部門が作成する販売計画・在庫計画に基づいて作成される。

1 スケジュール

- 製品名 (、仕様)
- 数量、金額
- 納期 ｛受注生産であれば、顧客との契約納期
　　　　仕込み生産であれば、出荷日・発売日｝

②設計部門は、製品を設計し設計書を作成する。

受注生産であれば、受注が決定した後に設計が行なわれる。

見込み生産であれば、会社の方針によって仕様・発売日が決められ、これを目標に開発・設計が行なわれる。

2 設計書

〈注文番号／製造番号〉　※

- 製品名　・仕様
- 原材料／部品
- 製造方法

〔註〕※注文番号／製造番号：

製造される製品に付けられるID(識別番号)である。

受注生産であれば注文番号と呼ばれることが多く、仕込み生産であれば製品番号とロット番号がつけられるだろう。

製品を個別に、あるいは一塊り（ロット）ごとに識別するためのものであり、製造場面ではもとより、品質保証、保全サービスの場面でも非常に重要な役目を果たす。

マスコミで取り上げられる『品質不良が原因の製品回収』は、このような番号に基づいて行われる。

③製造計画部門は、与えられた大筋の生産スケジュールと設計書とを基に、（週単位・）日単位の製造計画を作成する。

また、設計書に基づき必要な原材料／部品の在庫を確認し、不足していれば仕入先宛に注文書を発行する。

3 注文書

〈注文番号／製造番号〉
- 原材料／部品名　・仕様
- 数量
- 金額
- 納期

④原材料／部品は、仕入先から納品書・請求書とともに納入される。
　在庫管理部門は、納品書の内容と納入された原材料／部品とを照合し、一致することを確認した上で保管場所に保管する。
　納品書は、保管場所への入庫票となる。
　他方、請求書は、会計・経理部門に届けられる。請求書の仕入単価は、原材料／部品の「出庫単価」を計算するためのデータとなり、重要である。
　仕入先から納品書・請求書をペアでもらう習慣は、会社の調達事務を楽にするため考え出されたものであろう。

4 納品書・請求書

〈注文番号／製造番号〉
- 原材料／部品名
- 仕様
- 数量
- 単価
- 金額

⑤製造計画部門は、必要な原材料／部品の在庫があることを前提にして、製造スケジュールと設計書に基づき、毎日、「原材料／部品　出庫票」と「作業指示書」を発行し現場に送付する。

5　原材料・部品　出庫票

〈注文番号／製造番号〉
- 原材料／部品名
- 仕様
- 数量

⑥製造部門の作業員は、当日、「原材料／部品　出庫表」を元に保管場所から必要な原材料／部品を払い出し（前日の場合もある）、「作業指示書」に従って製品を製造する。

「作業指示書」は、現場の作業者に対して、当日、どんな製品を作るのか、原材料／部品として何を使うのか、作り方はどうするのかを指示する書類である。

6　作業指示書

〈注文番号／製造番号〉
- 製品　数量
- 製造日　・標準作業時間
- 原材料／部品　数量
- 設備　　・作業方法　　・作業者

⑦作業員は、完成品に「製品入庫票」を添付し、製品保管場所に搬入する。

7 製品　入庫票

〈注文番号／製造番号〉
- 製品名
- 数量

⑧作業員は、当日の終わりに、作業内容と、完成品・不良品について作業実績を記録し報告する。

通常、作業実績は、作業指示書内の指定箇所に記入する方式が採られている。

8 作業実績

〈注文番号／製造番号〉
- 製品（/半製品）　数量
- 不良品　数量
- 所要時間
- 使用設備　・作業者

　製造原価に直接関係のあるステップは⑥～⑧であり、現場の作業員が行なう活動である。

－4　'もの'の『変態』　―　ビンの蓋の例

　以上、生産の流れを概略説明したが、次に、製造原価計算に密接な関係のあるプロセスに焦点を当て、具体的に'もの'がどのように処理・加工されるか、見てみよう。

　非常に単純化した例として、ビンのプラスチックの蓋（ふた）を考える。原料（樹脂ペレット）を仕入れて、射出成型機（以下、成形機と云う）で成型するとビンの蓋が出来上るものとする。

出来上がったビンの蓋は、そのまま販売する。

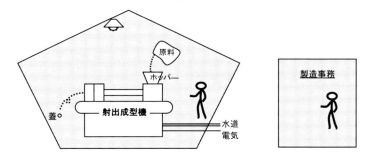

ビンの蓋の製造手順は、次の通りである。
①原料の仕入
　原料は、生産計画に従って前もって仕入れ、原料倉庫に保管して置く。帳簿上では、仕入れた原料が【原材料】という勘定科目名で総勘定元帳に記録され、会社の流動資産となる。
②原料の蔵出し（出庫）
　製造に先立って、原料は原料倉庫から製造現場に運び出される。
この瞬間から、原料は『作りかけの製品』として取り扱われるようになり、一般名称としては「未完成品」、勘定科目では【仕掛品】と呼ぶ。
「未完成品」となる原料の金額は、帳簿上、【原材料】から【仕掛品】に移し変えられる。（振替）
③製造
　原料を成形機のホッパー(投入槽)に投入すると、ビンの蓋が自動的に成形される。成形機から出てきたものは「完成品」である。
しかし【製品】ではない。
次のステップである「蔵入れ」の前は、「完成品」といえども帳簿上ではまだ【仕掛品】である。
④「完成品」の蔵入れ（入庫）
　「完成品」であるビンの蓋は搬送用バスケットに入れられ、品名、個数等を記入した伝票とともに製品倉庫に搬入される。
この時点で、「完成品」は名実ともに『製品』となり、帳簿では【仕掛品】

第5章 'リンゴ'の芯　<各論>

の金額が【製品】に移し替えられる。(振替)

以上で'もの'つくりのプロセスは完了するが、この後【製品】は販売され、代金が'社長の財布'に入ってくることになる。これをステップ⑤とすれば、次のようになる。

⑤販売
製品が売れた時、【製品】に計上されていた費用の金額が【売上原価】に振替えられる。
売上代金は、【売上】に計上される。

このようにして、製造される'もの'は、原料から処理・加工されて完成品となり、最終的に製品となって販売される。
その過程で、製造される'もの'の呼び名(勘定科目名など)が変化する。
自然界で、蝶の卵が孵化して幼虫になり、さなぎになり、最後に華麗な蝶の変身するようなものである。
その変化を表にしたものが、下表である。

一般名称	勘定科目名
原料	【原材料】
未完成品	【仕掛品】
	【半製品】
完成品	【製品】

製造過程 ↓

以下、これらの'もの'の呼び名（勘定科目）について説明する。

（イ）【原材料】
仕入先から仕入れて原料倉庫に保管される原料は、上に述べたように会社の流動資産(【原材料】)として計上されるが、保管されている限り、製造原価計算の対象にはならない。

（ロ）【仕掛品】
【仕掛品】とは、製造する'もの'が完成する前の『作りかけの状態』

であり、「未完製品」である。

　完成品の原価を計算するためには、完成する前の「未完製品」を**他の「未完製品」と区別**しながら、『完成品になるまで原価(費用)を投入（記録）できるしくみ』が必要である。

　即ち、「未完製品」も、完成品の場合と同様、ID（識別番号）を持たなければならない。

　そして、原材料を始めとして、製造中に発生する労務費、その他費用を都度計上（追加・記録，）して行く、即ち振替えてゆく必要がある。

　ビンの蓋の例では、原料を成形機のホッパーに投入し、ビンの蓋が成形機から出てきたら、そのまま完成品になるものとした。

　一見、【仕掛品】はないように見えるが、上に述べた通り、『ある』のである。

　原料倉庫から運び出され成形機のホッパーに投入される前の原料は、「未完成品」と見なされる。

　帳簿上では、流動資産の【原材料】から、同じく流動資産の【仕掛品】という勘定科目に移動される（振替）。

　原料倉庫から搬出された原料がホッパーに投入されずに、しばらくの間、成形機の傍（そば）に置かれたままかもしれない。

　しかし、それでも【仕掛品】である。

　また、原料が成形機で加工されて蓋の形（完成した姿）になっても、まだ【仕掛品】である。

　何が【仕掛品】かは、会計・簿記の視点から見る方が分かり易いだろう。即ち、簿記では、'もの'の製造が開始される前に、'もの'に対するIDが付与される。これが【仕掛品】であり、**諸々の費用を投入する『器（うつわ）』**なのである。

　'もの'を製造した時発生する費用を、該当する『器』に計上(追加・記録)する。
そして、'もの'が完成して製品と認められるまでの間、そのIDは有効である。

原材料はこの『器』に計上される費用の一つであり、最も基本になる費用である。

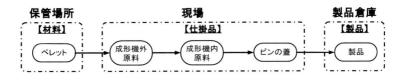

(ハ)【製品】としての認知

では、成形されたビンの蓋(【仕掛品】)は、何時【製品】として認知されるのだろうか。

現場の作業員は、ビンの蓋が「作業指示書」で指示された個数だけ出来上がると、当日の「作業指示書」に

・何キログラムの原料を使って、
・ビンの蓋を何個作ったか、
・どれだけ時間がかかったか

などを記録し、出来上がったビンの蓋を製品倉庫へ送り出す。
このときはじめて、ビンの蓋が【製品】として認知される。
帳簿上で言えば、作業者が当日の作業内容、製造実績を生産管理データとして登録したときに取引が発生し、【仕掛品】に計上された費用が【製品】へ振替えられる。
この金額が、その製品の「製造原価」である。

(ニ)【半製品】とは

【半製品】とは何かと云えば、完成品から見れば『作りかけの状態』であり「未完製品」であるが、『作りかけの状態』でも売れるもの、あるいは他の製品の部品として使われるものを【半製品】という。

上記例では、『成形機で製造されたビンの蓋はそのまま製品になる』としたが、次の例として、ビンの蓋の上面に、製品名を表わすシールを張り付けて「製品」とする場合を考えて見る。

シールは【原材料】として購入され、原料倉庫に保管される。
ビンの蓋は、予め製造され保管されているものとする。
保管されているビンの蓋は、そのまま製品として販売されることもあるが、『シール付きビンの蓋』を作るための部品にもなる。
シールつきビンの蓋を作るとき、ビンの蓋とシールが原料倉庫から現場に払い出される。
このとき、ビンの蓋とシールは、同じIDの【仕掛品】に計上される（振替）。
現場でビンの蓋にシールが張られ、見かけ上完成品となるが、まだ【仕掛品】のままである。
現場の作業者が『シールつき瓶の蓋』を完成品として記録し、製品倉庫に運び入れた時、はじめて【製品】となる。

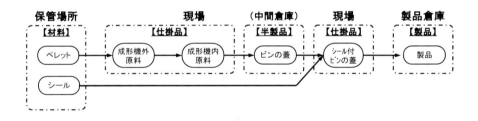

この例におけるビンの蓋は、2度、【仕掛品】となっている。
1度目は、『成形機で成形され保管場所（中間倉庫）に運び込まれる前まで』である。
2度目は、『中間倉庫から払い出されてシールが貼られ製品として保管される直前まで』である。
1度目と2度目の【仕掛品】には、別々のIDが付けられる。
1度目と2度目の間で、中間倉庫に保管されている『ビンの蓋』が、【半製品】である。
なお、中間倉庫とは、製造途中の'もの'を一時的に保管する場所であり、原料倉庫、部品倉庫、或いは製品倉庫と区別するための名称であ

る。
独立した倉庫である必要はない。現場の一角を標識で区切った場所でもよく、保管場所として機能すればよい。

　中間倉庫から払い出される【半製品】（ビンの蓋）が、シールを張らないまま販売されるか、あるいは、次の工程でシールが張られて【製品】（シールつき瓶の蓋）になるかは、注文によって決まる。
従って中間倉庫の【半製品】は、【製品】と同じような原価管理が必要となり、保管場所での在庫管理も必要である。

　一般に、製造現場では、【半製品】をユニット、ブロックあるいはモジュールなどと呼んでいる。
云わば、『社内で製造（内製）した部品』である。
　【半製品】には、通常、社内用の番号、記号が付けられており、「品番」「型式」などと呼ばれている。他の半製品、製品と区別できるようするためである。
　【半製品】という分類（勘定科目）を設けている目的は、次の通りである。
　・製造工程の一区切りとする　　　　　―――責任範囲の明確化
　・製造される他の製品の部品として使う　―――部品の社内製造
　・製品としても販売する　　　　　　　―――製品化
【半製品】はこのような性格を持つため、製造原価の管理方法は、製品の場合とほぼ同じであり、従って在庫管理には手間がかかる。

（２）製造原価計算の基盤は生産管理
　上記「（１）『製造』とは」では、原料が原料倉庫から運び出され製品になって製品倉庫に保管されるまでの間で、'もの'が『変態』してゆく様子を説明した。
　その間、作業者は、製造計画、設計書、作業指示書に従ってミスなく作業を行なうことに努め、製造管理部門は、その管理を行なう。
　これが生産管理である。

管理する項目は、いわゆる QCD（Quality Cost Delivery）であり、Cost(原価)は重要な管理項目である。(受注生産形では、往々にして納期　Delivery が最優先される)

　製造現場では、製造に関わる総ての要素から費用が発生する。原材料、製造設備はもとより、設備を動かすための作業員、動力、冷却水、更にはその環境（建屋、電灯、空調）などである。

　これらの Cost(原価)を系統だって漏れなく集計することが、生産管理では不可欠である。

　他方、会計・簿記における決算書作成でも同様に、製造の過程で発生する諸費用のデータを収集する必要がある。

　そこで、会計・簿記は、生産管理の世界で記録されたデータから、製造原価計算に必要なデータを抜き出して提供して貰うことになる。

　云わば、会計・簿記と生産管理の合体である。

(3) 製造原価計算を行なうタイミング

　通常、製品の製造に要した費用は 1 ヶ月単にまとめられて、製造原価、製品単価が計算される。

　決算のためだけであれば、年度末に計算すれば済むことである。

　ならば、何故、会社は製造原価、製品単価を頻繁に計算する必要があるのか。会社の経営に必要だからである。

　社長からすれば、会社の利益は今どのくらい出ているのか、赤字になっていないか、常に気になるものである。

　今日の、今の状態を知りたいが、計算は簡単ではない。

　妥協の産物として、1 ヶ月単位(原価計算期間)に計算する慣習が生まれたのだろう。

　但し、昨今は、月単位でなく、製品のロット単位で原価計算するケースもある。何故なら、製造物の品質が厳しく問われるようになっており、製品の素性を明確に記録することが必要になっているためである。

　品質重視の生産を行なう場合、外部から仕入れる原材料あるいは部品の由

来（ロット番号）を記録する。自社で製造する製品についても、製造条件が変わるたびに自社のロット番号・記号を付けることが当たり前になっている。
　結果として原価計算もロット単位に行われ、それを月単位に集計し直して製造原価、製品単価を計算する場合もある。

（４）製造原価の三要素
　製造に掛かる費用は、「**原価の三要素**」と云われており、次の通りである。

　　　・原材料費

　　　・労務費

　　　・経費

　これら三つの費用の具体例は、次の通りである。

　　　労務費：製造現場の作業員、製造部門の管理者、設備・施設の管理者・警備員
　　　　　　　などの給料・賃金
　　　材料費：原材料、工具、治具、部品などの購入費
　　　経費：　材料費・労務費以外で、製造に関わるすべての購入費・賃借料。
　　　　　　　電気・水道・ガス代、減価償却費、保険料、修繕費、
　　　　　　　賃借料、出張旅費、交通費、厚生費 など

（５）製造原価と販売費・一般管理費の仕訳
　原材料費が製造原価であることは理解し易いが、労務費、経費は、損益計算書の販売・一般管理費にも該当する勘定科目があるため、'勉強家'は戸惑うのではなかろうか。

　実は、製造原価の労務費、経費は、販売費・一般管理費に計上されるものとは別ものであり、総勘定元帳の勘定（計算表）も別に用意される。
　勘定科目の名称も、製造原価に係る費用は、通常、製造xx と呼び、販売費・一般管理費の勘定科目と明確に区別している。
　但し、会社での実務上は、敢えて製造xx と呼ばずとも、単にxx（勘定科目名）で通じる場合もあるだろう。
　何故なら、会社の業務は、基本的に本社、営業、製造（あるいは工場）など、部門単位に行なわれ、費用発生時の伝票も、部門単位にまとめられるためである。

従って、製造部門で発生する経費の多くは、暗黙の内に製造原価の費用と見なされるだろう。

　勿論、例外は発生するだろうが、それらの費用は然るべき勘定科目で処理されるだろう。

　また、会社の規模が小さく、経理部門が全社の費用処理を行っているような場合には、製造原価、販売費、一般管理費が正確に仕訳けられるような社内ルールができている筈である。

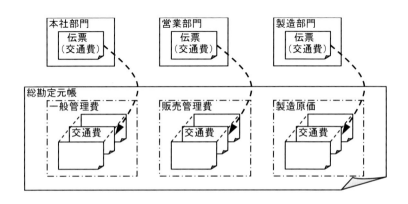

（６）製造直接費と製造間接費

　製造原価は、上記の『製造原価の三要素』と云う分類の外に、製造直接費と製造間接費（以下、**直接費**、**間接費**と云う）という別の切り口でも分類される。

　直接費、間接費の定義は、色々ある。例えば、
- 『直接費は、製品を作る過程で個々の製品に使われたことが明らかな原価』
- 『直接費とは、その発生が製品等に直接結び付けられる費用』
- 『間接費は、固定費である』

業種によっても、該当する勘定科目は異なるようである。

　ただ、これらの定義は、筆者にはあまりピンと来ない。
筆者の独断ではあるが、次のように解釈している。

第5章 'リンゴ'の芯　<各論>

　即ち、『**直接、間接の区別をする目的は、製造現場で原価に大きな影響を与える資源の費用と、そうでない費用とを区分し、大きな影響を与える資源の費用について重点的に管理できるようにすること**』(層別)であると考える。そして、前者、即ち**影響力の大きな資源の費用を直接費**といい、そうでない**費用を間接費**と呼ぶ。

　直接費は原価に大きな影響を与えるため、その計算は緻密に行う必要があり、**費用の"積み上げ"方式**である。

　これに対して**間接費**の計算は、いわば『ドンブリ勘定』であり、大雑把である。

（イ）直接費は無理にでも計数・計量

　製造原価に直接・間接の考え方を加味すると、製造原価の全体の構成は、次のようになる。

	直接費	間接費
原材料費	直接原材料費	間接原材料費
労務費	直接労務費	間接労務費
経費	直接経費	間接経費

　費用の発生源として管理すべき経営資源は、『原材料・部品』『人』『製造手段』である。費用が当該製品の原価を大きく左右する場合は、何らかの方法で消費量／使用量を計数・計量し、単価を掛けて計算するだろう(直接費)。測定が多少難しくても、何とか計数・計量しようとするだろう。

　例えば、労務費である。製造を担当する作業者は、必ずしもある製品だけ製造するのではなく、時間によってあるいは日によって、製造する製品が異なるのが一般的であろう。

　このような場合、ある製品の製造原価の労務費は、その製品の製造に関わった作業者の時間を毎日記録して一ヶ月単位で集計し、これを当該製品の一ヶ月の生産量・個数で割ることにより計算する。

　計算に手間は掛かるが、重要な原価要素(直接費)であるため、やらざるを得ない。

（ロ）間接費は『ドンブリ勘定』

　他方、原価にあまり影響を与えない補助的な原材料、補助部品あるいは他の製品と共用するものについては、あまり手を掛けず、その費用を、製品間で按分する方法が採られる（間接費）。いわば『ドンブリ勘定』である。

　補助的な資源の例として製品の梱包材、共用する資源の例としては電気・ガス・水道が挙げられる。

　ただし、電気のように共用する資源であっても、アルミ精錬所のように膨大な電気を使用する場合には、専用の電力量計を設置して直接費として管理することになるだろう。

　このように、製品単価に大きな影響を与える費用は直接費として厳しく管理し、あまり影響のないものは間接費として管理にあまり手間を掛けない（ドンブリ勘定）ようにしている。

　また、同じ資源であっても、会社によって、あるいは使われる製品によって直接費にしたり、逆に間接費にしたりすることもあるだろう。

　原価計算の方法は、必要とする原価の精度に応じて工夫されるだろうが、一旦決めたら継続することが望ましい。

　単純な例として説明した『ビンの蓋』について費用を分類すると、次のようになる。

	直接費	間接費
原材料費	直接原材料費： 　樹脂ペレット	間接原材料費： 　—
労務費	直接労務費： 　作業員の作業時間	間接労務費： 　製造事務員の給与
経費	直接経費： 　—	間接経費： 　射出成型機の減価償却費 　電気料金 　水道料金

（ハ）間接費の配賦

　先に述べたように、製造原価の三要素は直接費と間接費に分類され、直接費は、製造する製品の原価に大きな影響を与えるもの、間接費は、直接費以

第5章 'リンゴ'の芯　＜各論＞

外の費用であるとした。
　直接費の代表的な例は、製品で使われる原材料・部品であり、先のビンの蓋の例で云えば、樹脂ペレットである。
　製品の直接費は、使用した原材料・部品の量・個数に単価を掛ければよい。
　他方、間接費は、ある製品を製造するためにどれだけ使われたのかがはっきり分らない費用、或いはどの製品にでも使われるような費用である。
　このような費用は、先ず総額を把握して、その額を関連する製品に按分することにより、製品ごとの間接費を算出する。
　費用を按分するには、何らかの計算根拠が必要である。
　先に挙げたビンの蓋の例に、また登場してもらおう。
　もし、同じ成型機でA社向けとB社向けのビンの蓋を製造した場合、成形機で使われた電気代はどのように按分すればよいだろうか。
　ご想像通り、単純な方法は、2種類の加工個数で、電気代を案分する方法である。

$$製品Aの電気代 \ = \ 電気代 \ \times \ \frac{製品Aの個数}{製品Aの個数 \ + \ 製品Bの個数}$$

　また、製品ごとの加工に要した時間で按分する方法も考えられる。
　このように間接費を関係する製品に按分し割付けることを、「**配賦**」という。

　配賦の対象となる間接費には、電気代のほかに、射出成型機の減価償却費、冷却水の水道料金などがある。
　配賦の方法は、間接費の種類、製造する製品により、また会社の方針により、適切な方法が考えられているだろう。

＜道草＞　設計者は『間接』要員

　思い出した話を一つ。
　筆者は、現役であった頃、設計に携わっていた。
原価が高いと責められたこともあり、否が応でも『金勘定』に関心を持た

ざるを得なかった。
　そんな中で、『設計費は間接費である、設計員は間接要員である』といわれていることに違和感を持ったものだ。
これだけ『ものつくり』に苦労しているのに、間接とは何事かという気持ちである。
『間接』という言葉のニュアンスが、そうさせたのだろう。
　『同期の桜』から、『製造原価の直接・間接は、製造現場で物に触れて製造作業をしているか／否かである』と教えられた。
設計者は『もの』を作るための図面、仮想の『もの』を作るが、製造現場で実際の『もの』を作らないので間接なのであった。

　後日談。
　昨今のように自動化、IT化、ロボット化、AI化が進んでくると、労務費、経費ともに直接費が減って間接費が増大することになるだろう。そうなると間接はドンブリ勘定だなどと云っていられなくなり、間接費の直接費化が進んでくるかもしれない。

（7）【製品】の製造原価構成図
　以上、【製品】の製造原価と、販売費及び一般管理費との関係、直接費／間接費について説明した。
　これをまとめて図示すると次のようになる。

第5章 'リンゴ' の芯　<各論>

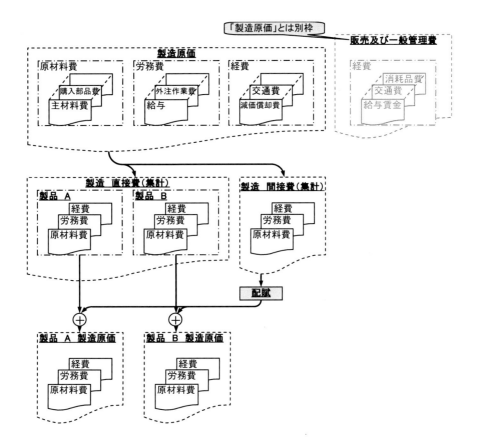

(8)【仕掛品】【半製品】の取り扱い

　以上で『めでたし』かと云うと、まだ『めでたくない』のである。

　既に述べたように、【製品】は、原材料から瞬時に生み出されるものではない。

　手順を踏んで、長い／短いの差はあるものの、時間を掛け加工されて製品になる。

　このため、会計・簿記上、一(ひと)手間が増える。それが「未完成品」の管理である。

141

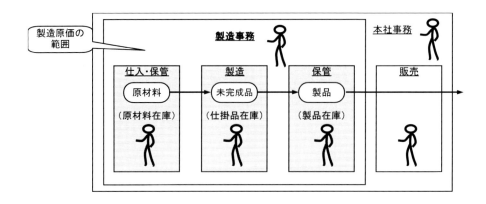

　先に述べた通り、原材料は保管場所から製造現場に払い出されたとき、「未完製品」という『幼名』がつけられる。
　そして、加工され完成品となり製品倉庫に搬入されたとき『元服』して、初めて「製品」という名前が貰える。

　但し、一言で「未完製品」と云ってもその完成度に応じて、原料そのものから、仕掛品、半製品（部品）まで、三段階に分けられることは、既に述べた通りである。
　これら「未完製品」を会計・簿記の世界だけで管理するのは、難しい。
　現実にこの管理を行なっているのは製造部門の人たちであり、生産管理の世界である。そもそも製造に関わるお金の勘定は、製造部門として重要であり、製造部門の管理活動の重要な一環として行われてきた。
　会計・簿記は、その活動の中から必要な情報を提供して貰う訳である。
　貸借対照表に表示される【仕掛品】【半製品】の金額は、生産管理から提供された情報を合計したものである。

＜寄り道＞　ジャストインタイム

　よく"Simple is best"と云われる。
　生産でも然りであり、原材料からすぐに完成品ができることが望ましい。

> しかし、現実には【仕掛品】【半製品】という中間段階を設定しなければならないケースが多いのではなかろうか。
>
> 既に述べたように、在庫管理を含む製造原価管理はそれなりに面倒であり、管理なしで済ませられるなら、それに越したことはない。
>
> これを実現した製造方式が、「Just-in-Time ジャストインタイム」である。
>
> 『メインの製造ラインで組み付けが必要になった、正にそのときに、そこに部品がある』状態を実現できるように、【半製品】の製造部門、あるいは部品メーカが部品を届けるのである。
>
> もし、部品の製造をすべて部品メーカにお任せすれば、会社は部品の在庫管理を行なう必要がなくなり、その分、会社の費用が減って利益が増えるという理屈である。

（9）不良品・余剰品の発生

一般に、製造には不良品、余剰品の発生がつきものである。

生産計画では、不良品発生を想定した生産数が設定され、原材料・部品は余分に投入されるのが普通である。

製造の途中の不良品、あるいは終了後の余剰品を処理する最も単純な方法は、廃棄処分であるが、もったいないので修理／手直しをして製品（良品）に戻す場合もある。

実際に行われているやり方は、製品の性質、会社の方針によって異なるだろう。

いずれにしても、不良品・余剰品の処分に要した費用も製造費用であり、間接製造経費として配賦され、製品の原価に影響を与えることになる。

終章 'リンゴ'を『お伴(とも)』に

会計・簿記は、厳密・厳格な計算に基づく『しくみ』である。
　銀行では、現金と数字が一円でも合わなければ、合うまで何時間でも残業し確認に努めるという話しを、昔、聞いたこともある。
　数字になった金額というのは、それだけ重みのあるものなのだと思う。
　しかし他方では、本書で紹介した通り、会計・簿記のしくみ、例えば
　　・減価償却(定額法／定率法など)
　　・売上原価（単価の算出法）
　　・製造原価(直接費／間接費、配賦等)
の決め方には**大きな自由度がある。**
　つまり、会計・簿記は、複式簿記という基盤の上で、各会社に適したしくみを作ることが出来る。**しくみが存在する理由、必要性を踏まえて工夫をし、自社向けの会計・簿記にすることが出来る**訳である。
　これが、会計・簿記の『理屈』を勉強するメリットであることをご理解いただければ幸いである。

　冒頭に述べたように、会計・簿記の知識は日常の社会生活において大切であるが、専門書を読んでもなかなか理解出来ない。
　専門家を目指すなら『暗記』も厭(いと)わないであろうが、会計簿記の知識を一般常識として利用できるようにするためには、わかり易い『理屈』が必要ではなかろうか。
　本書は、筆者が浅学を顧みずに考えた『理屈』であり、一つの試みである。今後、より分かり易い『理屈』が生まれるきっかけになればと願うものである。

　また、本書を読まれる中で同じテーマが何度も現われ、冗長と感じた読者もおいでになったかもしれない。筆者が本書を書くに当たって『スパイラルアッ

　　　　　　　　　　　　　　　終章 'リンゴ'を『お伴(とも)』に

プ』という考え方にこだわったためである。
　この用語は、品質管理に携わった読者であれば、合点していただけると思う。即ち、目標に向かって「PDCA」を回すことによってレベルアップすることである。本書が'勉強家'向けであることから、その冗長性についてはご理解を賜りたい。
　同時に、辛抱して最後までお読みいただいた読者には心より感謝申し上げる。

ミドルマネジメント・中堅技術者・リーダー向け
会計簿記のしくみ物語
―ニュートンのリンゴから読み解く！社長の財布を出入りするお金の理屈―

2018年11月9日　初版発行

著　者　　堀越　眞哉
装丁デザイン　　栖島安矢香

定価（本体価格1,500円+税）

発行所　　星データ企画
発売所　　株式会社　三恵社
　　　　　〒462-0056 愛知県名古屋市北区中丸町2-24-1
　　　　　TEL 052 (915) 5211
　　　　　FAX 052 (915) 5019
　　　　　URL　http://www.sankeisha.com

乱丁・落丁の場合はお取替えいたします。　　　　　　　　©2018 Shin-ya Horikoshi
ISBN978-4-86487-958-3 C2034 ¥1500E